Regine Kramer

Frauenspezifische Fluchtgründe im österreichischen Asylrecht

Tiroler Studien zu Geschichte und Politik – Band 11

Herausgegeben von Alexandra Weiss und Horst Schreiber
Michael-Gaismair-Gesellschaft
www.gaismair-gesellschaft.at

Regine Kramer

Frauenspezifische Fluchtgründe im österreichischen Asylrecht

Rechtliche Beurteilung der Behörden und Problemstellungen im Asylverfahren

StudienVerlag
Innsbruck
Wien
Bozen

Gedruckt mit freundlicher Unterstützung durch die Universität Innsbruck (Vizerektorat für Forschung), das Städtisches Referat Frau, Familie, Senioren, die Kulturabteilung des Landes Tirol, die Sozialabteilung des Landes Tirol, die Gewerkschaft der Privatangestellten/Druck – Journalismus – Papier (GPA/djp), die 20er Straßenzeitung, die Grünen Tirol und die Grüne Frauen Tirol.

© 2009 by Studienverlag Ges.m.b.H., Erlerstraße 10, A-6020 Innsbruck
E-Mail: order@studienverlag.at
Internet: www.studienverlag.at

Buchgestaltung nach Entwürfen von Kurt Höretzeder
Satz: Studienverlag/Roland Kubanda
Umschlag: Studienverlag/Vanessa Sonnewend

Gedruckt auf umweltfreundlichem, chlor- und säurefrei gebleichtem Papier.

Bibliografische Information Der Deutschen Bibliothek
Die Deutsche Bibliothek verzeichnet diese Publikation in der Deutschen Nationalbibliografie; detaillierte bibliografische Daten sind im Internet über <http://dnb.ddb.de> abrufbar.

ISBN 978-3-7065-4663-8

Alle Rechte vorbehalten. Kein Teil des Werkes darf in irgendeiner Form (Druck, Fotokopie, Mikrofilm oder in einem anderen Verfahren) ohne schriftliche Genehmigung des Verlages reproduziert oder unter Verwendung elektronischer Systeme verarbeitet, vervielfältigt oder verbreitet werden.

Inhaltsverzeichnis

Vorwort	7
Danksagung	9
Einleitung	11
1. Frauen auf der Flucht	**15**
1.1. Hindernisse auf der Flucht nach Westeuropa	15
1.2. Zum Begriff der frauenspezifischen Fluchtgründe	18
1.3. Zum Begriff der frauenspezifischen Verfolgungshandlungen	24
2. Die Rechtsquellen des Asylrechts und die Richtlinien des UNHCR zu frauenspezifischen Asylthemen	**29**
2.1. Die Genfer Flüchtlingskonvention und die Richtlinien des UNHCR	29
2.1.1. Die Genfer Flüchtlingskonvention	29
2.1.2. Die Richtlinien des UNHCR betreffend die Flüchtlingseigenschaft und geschlechtsspezifische Verfolgung	31
2.2. Die EU-Harmonisierung im Asylbereich	33
2.3. Die Asylgesetznovelle 2005	38
2.4. Sonstige völkerrechtliche Verpflichtungen	40
2.4.1. Die Europäische Menschenrechtskonvention	40
2.4.2. Die Konvention zur Beseitigung jeder Form von Diskriminierung der Frauen	43
3. Frauenspezifisch relevante materielle Begriffe der GFK und der Statusrichtlinie	**45**
3.1. Einleitung	45
3.2. Frauenspezifische Ausprägungen und Aspekte von Fluchtgründen	47
3.2.1. Politische Gesinnung	47
3.2.2. Religion	51
3.2.3. Nationalität und Volksgruppenzugehörigkeit	53
3.2.4. Die soziale Gruppe	54

3.3. Der Begriff der Verfolgung aus frauenspezifischer Sicht　60
3.3.1. Das Kriterium der Menschenwürde aus frauenspezifischer Sicht　60
3.3.2. Die Verfolgungshandlungen laut Statusrichtlinie –
　　　 frauenspezifische Bedeutung　63
3.3.3. Die nicht-staatliche Verfolgung　65
3.3.4. Die Unmöglichkeit der innerstaatlichen Fluchtalternative/
　　　 des internen Schutzes　68

4. Einige frauenspezifische Fluchtgründe und Verfolgungshandlungen und ihre Würdigung in der österreichischen Rechtsprechung　71
4.1. Bedrohung durch weibliche Genitalverstümmelung　72
4.2. Häusliche Gewalt　75
4.3. Einschränkungen der Partnerwahl, Ehrenmord　78

5. Probleme von Frauen im Asylverfahren　83
5.1. Mangelnde Bildung　83
5.2. Trauma und Scham durch sexuelle Gewalt　85
5.3. Gefahr der sexuellen Belästigung in der Grundversorgung　88

6. Ausblick und Schlussfolgerungen　91

Abkürzungsverzeichnis　95

Abkürzungen Literatur　96

Literaturverzeichnis　98

Vorwort

Die gegenständliche Arbeit wurde im Jahr 2007 mit dem Preis für frauenspezifische Forschung der Universität Innsbruck ausgezeichnet. Dieser Preis dient der Förderung des wissenschaftlichen Nachwuchses und wird für hervorragende Diplomarbeiten und Dissertationen mit frauenspezifischer bzw feministischer Thematik vergeben.

Die von Regine Kramer vorgelegte Arbeit überzeugte nicht nur durch ihre wissenschaftliche Qualität, sondern auch durch die Themenstellung. Sie zeigt eindrücklich, wie bedeutsam es sein kann, Sachmaterien auch auf ihre frauenspezifischen Fragestellungen hin zu untersuchen. Gerade frauenspezifische Problembereiche laufen nämlich mitunter Gefahr, in den allgemeinen Fragestellungen eines übergeordneten Sachgebietes unterzugehen. Dies zeigt sich auch beim Asylrecht: Es kann ohne Übertreibung als ein Rechtsgebiet bezeichnet werden, das unsere politische und gesellschaftliche Gegenwart in besonderem Maße berührt. Der Laie mag bereits aus den tagespolitischen Diskussionen erahnen, wie zahlreich die Fragen und Problemstellungen sind, die dieses Rechtsgebiet aufwirft. Auch für Juristen ist das Asyl- und Fremdenrecht durch zahlreiche Novellierungen und Systemänderungen mittlerweile geradezu zu einem Normendickicht geworden, das sich nur mehr schwer durchdringen lässt. Gerade auch deswegen ist das Asylrecht immer wieder zentraler Gegenstand politischer, gesellschaftlicher und wissenschaftlicher Debatten. Diese allgemeine Problematik des Rechtsgebietes droht jedoch die ebenfalls bestehenden frauenspezifischen Aspekte des Asylrechts großteils zu überdecken und aus der öffentlichen Diskussion nahezu zu verdrängen. Umso begrüßenswerter ist es, wenn sich eine Arbeit dieser Fragestellungen annimmt und damit zugleich, so ist zu hoffen, auch zur Sensibilisierung für diesen Themenbereich beiträgt.

Dass frauenspezifische Facetten im Asylrecht nicht rein soziologisch bedeutsam sind, sondern sich geradezu fundamental auf die Rechtspositionen von asylsuchenden Frauen auswirken können, zeigt die vorliegende Arbeit eindrücklich. Nicht nur die Flucht als solche weist vielfältige frauenspezifische Aspekte auf – Frauen sind auf der Flucht etwa ganz besonderen Gefahren ausgesetzt –, auch die Umstände einer Flucht haben bei Frauen oft eine besondere Dimension. So stammen flüchtende Frauen in der Regel aus patriarchalen Gesellschaften, in denen etwa politisches Engagement von Frauen andere Formen hat als jenes von Männern. Die Sensibilisierung dafür ist aber unerlässlich um etwa den Fluchtgrund der politischen Verfolgung auch auf Frauen adäquat anwenden zu können. Bereits diese kurzen inhaltlichen Streiflichter zeigen, dass diese Arbeit nicht nur eine Fragestellung von rein akademisch wissenschaftlicher Bedeutung behandelt, sondern eine dringliche Frage unserer gesellschaftlichen und politischen Wirklichkeit. Damit löst sie zugleich einen Anspruch ein, der an die Wissenschaft zu stellen ist: Sie soll in ihrem Tun nämlich stets auch die Augen für reale gesellschaftliche Anliegen geöffnet haben und sich zur unparteiischen Lösung sozialer Probleme einsetzen. Es steht zu hoffen, dass diese Arbeit auch zahlreiche praktische Impulse zur Bewältigung verschiedener Fragestellungen zu geben vermag.

Innsbruck, im März 2008
Lamiss Khakzadeh-Leiler

Danksagung

ich danke...

Frau Prof. Lamiss Khakzadeh-Leiler für ihre Hinweise und die Verfassung des Vorwortes.

Frau Prof. Irmgard Rath-Kathrein für ihre freundliche und ausführliche Unterstützung.

Frau Rita Schaffer und Herrn Christian Elsässer für ihre Hilfe bei der Erstellung des Covers.

meinen Kollegen von Helping Hands Tirol sowie meinen ehemaligen Kollegen von der arge Schubhaft Tirol, insbesondere Frau Mag^a Verena Schlichtmeier, für die Unterstützung mit Literatur und ihr Interesse.

meinen Studienkolleginnen und Freundinnen Mag^a Martina Kahn und Mag^a Verena Waldhart für ihre Anregungen.

meinem Bruder, Dr. Felix Kramer, und meiner Mutter, Dr. Gerlinde Kramer, für ihre Anmerkungen.

meiner Familie und Freunden für ihre Geduld und ihr Interesse.

Frau Mag^a Alexandra Weiss für ihre Unterstützung.

den Sponsoren, die diese Veröffentlichung ermöglicht haben.

Einleitung

Menschenrechtsverletzungen an Frauen sind zu Zeiten der Taliban-Herrschaft in Afghanistan auch in Westeuropa vermehrt in den Blickpunkt der Öffentlichkeit geraten und seither, auch bedingt durch die zunehmende Besorgnis der „westlichen Welt" vor dem islamischen Fundamentalismus, Thema geblieben. Dabei besteht allerdings die Gefahr, dass Menschenrechtsverletzungen an Frauen, die nicht islamisch-fundamentalistisch motiviert sind, ignoriert werden.

Gleichzeitig versucht Westeuropa möglichst wenige Flüchtlinge aufzunehmen. Österreich nimmt mit einem der repressivsten Asylgesetze[1] in der europäischen Union eine Vorreiterrolle ein. Ein Beispiel für die repressive Haltung Österreichs ist die Errichtung des sogenannten Asylgerichtshofes, mit dem der Zugang zum Verwaltungsgerichtshof beschränkt wird. Damit kommt Flüchtlingen weniger Rechtsschutz zu als es in anderen Verwaltungsverfahren üblich ist.[2] Dies wirkt sich auch auf die Anerkennungsquote aus, die seit Errichtung des Asylgerichtshofs signifikant gesunken ist.[3] Insgesamt werden Flüchtlinge zunehmend als Sicherheitsproblem und nicht als humanitäre Aufgabe gesehen. Diese aufgeheizte Situation wirkt sich auch auf die Frauen aus, die hier Schutz suchen, weil ihnen im Heimatland wegen ihres Geschlechts Menschenrechtsverletzungen drohen.

Vor diesem Hintergrund – einerseits verstärkte Aufmerksamkeit gegenüber Menschenrechtsverletzungen an Frauen, andererseits eine repressive Gesetzgebung gegenüber Flüchtlingen – möchte ich in dieser Arbeit beleuchten, welche Faktoren bei Asylansuchen von Frauen zu berücksichtigen sind, damit auch weibliche Flüchtlinge, die nicht dem Bild des „typischen" Flüchtlings entsprechen, den notwendigen Schutz vor Verfolgung bekommen. In der Praxis, die ich in meiner ehrenamtlichen Arbeit als Rechts-

---

[1] Der Standard, 04.10.2006, Asylwerber müssen sich vorkommen wie Kriminelle, (http://derstandard.at/?id=2459466).

[2] Vgl amnesty international Österreich/asylkoordination Österreich/Diakonie/Verein Projekt Integrationshaus/SOS Mitmensch/Volkshilfe, Gemeinsame Stellungnahme zum „Asylgerichtshof", 25.11.2007, (http://www.asyl.at/fakten_1/stellungnahme_asylgerichtshof_25_11_07.pdf).

[3] UNHCR, Asyl-Barometer März: Unabhängig vom Herkunftsland gibt es noch seltener Asyl, 16.04.2009 (http:www.unhcr.at/navigation-oben/presse/einzelansicht/article/351/asylbarometer-maerz-unabhaengig-vom-herkunftsland-gibt-es-noch-seltener-asyl.html; abgerufen am 11.08.2009).

vertreterin im Asylverfahren für Helping Hands Tirol kennen gelernt habe, zeigen sich durchaus Defizite gerade im erstinstanzlichen Verfahren; frauenspezifische Fluchtgründe werden dort häufig als nicht asylrelevant gewertet. Deshalb halte ich es für wichtig, mehr Aufmerksamkeit auf frauenspezifische Verfolgung zu lenken. Dabei gehe ich von der Rechtslage vor Einführung des Asylgerichtshofes aus. Da der Asylgerichtshof die deutlich gesunkene Anerkennungsquote durch die geänderte Situation in manchen Herkunftsländern erklärt,[4] zieht er offiziell wohl keine geänderten Kriterien zur Asylanerkennung heran. Dennoch bleibt in der Praxis zu beobachten, wie in Zukunft frauenspezifische Fluchtgründe in der zweiten Instanz beurteilt werden.

Im ersten Teil werden allgemeine Fragestellungen behandelt, so warum trotz der weltweiten Benachteiligung von Frauen in Österreich die Mehrheit der Asylwerber männlich ist, sowie erste Abgrenzungen vorgenommen, die der Begriffsdefinition dienen.

Der zweite Teil befasst sich mit den auf Asylansuchen anzuwendenden Rechtsquellen, die aus frauenspezifischer Sicht beleuchtet werden. Dabei wird der inhaltliche Flüchtlingsbegriff vorerst ausgeklammert, erst im dritten Teil werden die Vorgaben der Rechtsquellen näher ausgeführt. Zusätzlich werden die frauenspezifischen Ausprägungen der darin genannten Fluchtgründe sowie häufige Problemstellungen flüchtender Frauen, wie die Verfolgung durch private Täter und nicht durch staatliche Organe, dargelegt.

Im vierten Teil werden einige konkrete frauenspezifische Fluchtgründe (bzw Verfolgungshandlungen) dargelegt. Dazu habe ich veröffentlichte Entscheidungen des UBAS sowie die darin zitierten negativen erstinstanzlichen Entscheidungen durchsucht, um zu analysieren, wie diese frauenspezifischen Fluchtgründe rechtlich bewertet werden. Es soll beleuchtet werden, wie die Rechtsprechung auf frauenspezifische Fragestellungen im Asylverfahren reagiert.

Da Frauen weltweit diversen Benachteiligungen und frauenspezifischen Menschenrechtsverletzungen ausgesetzt sind, habe ich mich auf einige konkrete Fallgruppen beschränkt und zwar auf weibliche Genitalverstümmelung, häusliche Gewalt sowie Ehrenmorde in Verbindung mit Einschränkungen der freien Partnerwahl. Diese Beispiele habe ich gewählt, weil sie

---

[4] Die Presse, 22.01.2009, Perl zieht positive Bilanz zum Asylgerichtshof (http://diepresse.com/home/politik/innenpolitik/446051/index.do, abgerufen am 11.08.2009).

häufig in den Medien thematisiert werden und es dazu einschlägige Judikatur gibt. Andere frauenspezifische Themen wie zB Zwangssterilisation und Zwangsabtreibung, die in China als frauenspezifische Gewalt eingesetzt werden[5] oder Witwenverbrennungen in Indien werden nicht behandelt.

Als vorletzter Teil werden kurz einige frauenspezifische Besonderheiten im Asylverfahren behandelt. Die Fragestellung ist hier, ob es frauenspezifische Schwierigkeiten gibt, die verhindern, dass Frauen im Verfahren ihre Rechte bestmöglich wahrnehmen.

Als mir besonders wichtiger letzter Punkt soll nach einer Zusammenfassung auch ein Ausblick auf zukünftige Entwicklungen versucht werden, also in einem kurzen Abriss die Flüchtlingspolitik der EU hinsichtlich ihrer Auswirkungen auf Flüchtlingsfrauen beleuchtet werden. Dabei wird schlussendlich auch auf die überwiegende Mehrheit der flüchtenden Frauen eingegangen – jene, die nicht bis nach Westeuropa gelangen.

---

[5] Bezüglich Zwangsabtreibung in Zuge der Ein-Kind-Politik in China entschied der VwGH 14.12.2004, 2001/20/0692, dass es im konkreten Einzelfall gegen die religiösen Überzeugungen der Asylwerberin verstoße, die Ein-Kind-Politik zu befolgen. Vgl *Frank/Anerinhof/Filzwieser*, AsylG 2005, 100f. Da hier erst das Höchstgericht entschieden hat, hätte diese Asylwerberin nach Einführung des Asylgerichtshofs keine Möglichkeit gehabt, die zweitinstanzliche Entscheidung zu bekämpfen.

1. Frauen auf der Flucht

1.1. Hindernisse auf der Flucht nach Westeuropa

Obwohl weltweit etwa die Hälfte der Flüchtenden oder Vertriebenen weiblich ist,[6] sind in Österreich (wie in ganz Westeuropa) zwischen einem Viertel und einem Drittel der Asylsuchenden Frauen.[7]

Also gelangt nur ein kleiner Teil der fliehenden Frauen nach Westeuropa. Besonders allein stehende Frauen, die ohne Familienangehörige fliehen, haben trotz Verfolgung oft keine Möglichkeit ihr Heimatland zu verlassen. Das hat mehrere Gründe.

Durch die Abschottungspolitik im Asylbereich ist es nach österreichischer Gesetzeslage seit der AsylG-Novelle 2003 nicht mehr möglich, einen Asylantrag an der Botschaft oder an einem Grenzposten zu stellen.[8] Also ist eine legale oder illegale Einreise Bedingung, um Asyl zu beantragen.

Für eine legale Einreise ist – zumindest für die meisten Herkunftsstaaten von Flüchtlingen – ein Visum zu beantragen. Hier sind nach § 21 Abs 5 Z 1 und 2 FPG 2005 unter anderem eine Krankenversicherung sowie genügend Eigenmittel für die Dauer des Aufenthalts Voraussetzung. Zudem muss gem § 21 Abs 1 FPG 2005 die Wiederausreise gesichert erscheinen.

Aus diesen Bedingungen folgt, dass ein Visum eben nicht für Asylwerber oder Asylwerberinnen konzipiert ist, und in den meisten Fällen an den nötigen Mitteln und vor allem an dem Verfahren im Heimatland scheitern wird. Schließlich kann ein Flüchtling nur selten ungehindert ein Visum beantragen und dann das Verfahren im Verfolgerstaat abwarten. Als Al-

---

[6] So sind nach den Zahlen laut UNHCR-Jahresstatistik 2006 46 % der Flüchtlinge und Asylwerber weiblich, allerdings sind die Mehrzahl der Staatenlosen (51 %) und Binnenvertriebenen (51 %) weiblich. (http://www.unhcr.org/statistics/STATISTICS/478cda572.html). Andere Quellen betonen aber, dass in manchen Fluchtbewegungen bis zu 80 % der Flüchtenden Frauen und ihre minderjährigen Kinder sind (zB http://www.amnesty.at/vaw/cont/kampagne/zahlenfakten.htm).

[7] Nach der Asyl- und Fremdenstatistik 2005 des BMI wurden in Österreich 28,96 % der Asylanträge von Frauen gestellt, nach den Zahlen für 2006 waren immerhin 34,23 % der neu hinzukommenden Asylwerber weiblich. (http://www.bmi.gv.at/downloadarea/asyl_fremdenwesen_statistik/Jahr2005.pdf, http://www.bmi.gv.at/downloadarea/asyl_fremdenwesen_statistik/AsylJahr2006.pdf).

[8] § 16 AsylG 1997 idF der Novelle 2003; Ausnahmen bestehen bei Familienangehörigen von in Österreich anerkannten Flüchtlingen (§ 16 Abs 1 AsylG 1997 idF der Novelle 2003). Das Fremdenrechtspaket 2005 brachte dazu keine Änderungen (§ 35 AsylG 2005).

ternative bleibt Flüchtlingen also vorwiegend nur die illegale Einreise, die durch die immer strengeren Grenzkontrollen größtenteils nur mittels eines Schleppers möglich ist.[9] Gerade für Frauen ist es aber sehr riskant, sich einem Schlepper anzuvertrauen, da sie frauenspezifischen Bedrohungen wie Vergewaltigung[10] und Frauenhandel[11] ausgesetzt sind.

Aber sowohl bei der legalen wie auch der illegalen Einreise muss der oder die Flüchtende genügend Geld aufbringen, um nach Westeuropa zu gelangen. Da Frauen global gesehen über signifikant weniger Einkommen und Vermögen[1] verfügen, sind sie regelmäßig nicht alleine dazu in der Lage, die Flucht zu finanzieren, sondern sind auf Unterstützung angewiesen.

Doch auch hinsichtlich der familiären Unterstützung sind Frauen durch die weit verbreitete Bevorzugung männlicher Nachkommen in patriachalen Gesellschaften benachteiligt.

Elisabeth Bauer formulierte es so:

„Frauen sind nicht nur bezüglich der eigenen materiellen Ressourcen extrem benachteiligt, sondern können auch weniger auf die finanzielle Unterstützung der Verwandten zählen. Wenn ein Familienmitglied überleben soll, dann wird zuerst einmal für die Flucht des Sohnes Geld gesammelt" [13]

---

[9] Der UNHCR bedauerte bereits in seiner Stellungnahme zur AsylG-Novelle 2003, 8, dass nach der neuen Gesetzeslage Flüchtlinge vermehrt auf Schlepperorganisationen angewiesen sein werden. (http://www.unhcr.at/fileadmin/unhcr_data/pdfs/rechtsinformationen/5.2._A-Stellungnahmen/014_UNHCR-Stellungn_AsylG-Novelle03_15okt03.pdf, abgerufen am 22.02.2008).

[10] Der Bericht UNHCR, The activities and programmes of the UNHCR on behalf of refugee women: report of the secretary-general, 1985, 4, zitiert in: *Potts/Prasske*, Frauen – Flucht – Asyl, 20, führt aus: *„Insbesondere Schlepper oder feindlich gesinnte Gruppen nutzen die Wehrlosigkeit und die Abhängigkeit aus und vergewaltigen auch von Männern begleitete Frauen. So wurden gemäß Schätzungen des UNHCR 2400 Vietnamesinnen auf Fluchtbooten von Piraten vergewaltigt".*

[11] Nach Schätzungen der Internationalen Organisation für Migration werden jedes Jahr 2 Millionen Frauen ins Ausland verschleppt. (Zahl zitiert aus UNHCR, Sexuelle und geschlechtsspezifische Gewalt gegen Flüchtlinge, RückkehrerInnen und Binnenvertriebene - Richtlinien zur Vorbeugung und Reaktion, 05.2003, 14).

[12] Schätzungen zufolge verdienen Frauen nur 10 % des Welteinkommens und besitzen unter 1 % des Weltvermögens (Zahlen nach *Claude/Weston* (Hg), Human Rights in the World Community - Issues and Actions, 65).

[13] *Potts/Prasske*, Frauen – Flucht – Asyl, 19, dort verwiesen auf *Bauer Elisabeth*, Endstation Flüchtlingslager, in *Bauer/Moussa-Karle*n, Wenn Frauen flüchten, 16.

Aber nicht nur durch finanzielle Hürden wird für Frauen eine Flucht nach Westeuropa erschwert; auch diskriminierende Gesetze (das Recht auf Freizügigkeit wird im Namen der Tradition für Frauen in zahlreichen Ländern beschnitten, beispielsweise dürfen Frauen in Saudi-Arabien nicht Auto fahren; um das Land zu verlassen benötigen sie eine schriftliche Bestätigung des Vormundes oder eines männlichen Verwandten[14]) oder traditionelle Rollenverständnisse, die Frauen auf den privaten, häuslichen Bereich beschränken und sie dadurch teilweise entmündigen, verhindern oftmals dass eine Frau die Flucht nach Westeuropa antritt. Durch diese Erziehung zur Unselbstständigkeit werden nur wenige Frauen die Entscheidung treffen, eine derart selbstverantwortliche Aktion wie eine Flucht – noch dazu ins fremde Westeuropa – zu wagen. Diese Erziehung ist in weiterer Folge auch beim Umgang mit Behörden ein Hindernis.

Das traditionelle Rollenbild überträgt der Mutter die Verantwortung für die Kinder, dadurch wird eine Flucht in entfernte Regionen. Massenflüchtlingslager für Vertriebene sind die prekäre Alternative.

In der Diskussion über die verstärkte Berücksichtigung von frauenspezifischen Fluchtgründen in Kanada konterte *Ed Broadbent*[15] die Befürchtungen, dadurch einen Ansturm von Asylsuchenden auszulösen, äußerst treffend so:

„Die Frauen, von denen wir sprechen, können nicht ins Auto steigen, zum Flughafen fahren und ein Ticket kaufen, denn sie dürfen nicht Auto fahren. Und sie haben auch nicht gerade eine goldenen American Express-Karte mit der sie Tickets kaufen und hierher fliegen könnten.“[16]

---

[14] Informationen aus dem Bureau of Democracy, Human Rights and Labor des US-Departments of State, Country Reports on Human Rights Practices 2005, 08.03.2006. (http://www.state.gov/g/drl/rls/hrrpt/2005/61698.htm).

[15] Ed Broadbent, bis 1989 Parteichef der New Democratic Party und kanadisches Parlamentsmitglied, ab 1990 Leiter des International Centre for Human Rights and Democratic Development. (http://www.cbc.ca/news/background/broadbent/ abgerufen am 22.02.2008) Im Original lautet das Zitat: „*The women we are talking about can't jump in a car and go to the airport to buy a ticket, they aren't permitted to drive. And they don't exactly have an American Express gold card that they could use to buy tickets to fly here*".

[16] *Macklin*, Refugee Women and the Imperative of Categories, Human Rights Quarterly, Bd. 17 (213–227), 220.

Dazu kommen die weltweit niedrigere Bildung von Frauen und Mädchen[17] sowie geschlechtsspezifische Gefahren auf einer Flucht (wie zB Vergewaltigung[18] und Frauenhandel), die besonders unbegleiteten Frauen bedrohen. All diese Faktoren erschweren es Frauen, bis nach Westeuropa zu gelangen.

1.2. Zum Begriff der frauenspezifischen Fluchtgründe

Zum Verständnis des Begriffs der frauenspezifischen Fluchtgründe ist es notwendig, zwischen biologischem und sozialem[19] Geschlecht zu unterscheiden. Wie Christine Ainetter Brautigam in Human Rights of Women[20] ausführt:

„Der Begriff ‚gender' bezieht sich auf die gesellschaftlich konstruierte Rolle der Frauen und Männer, die ihnen aufgrund ihres Geschlechts zugeschrieben wird. Das Wort ‚Geschlecht' bezieht sich auf physische und biologische Charakteristika von Frauen und Männern. Geschlechtsspezifische Rollenbilder spiegeln verschiedene gesellschaftliche Konstruktionen von weiblichen und männlichen Identitäten wider, welche eher aus den unterschiedlichen sozialen Stellungen als aus angeborenen weiblichen und männlichen Verhalten erfolgen. Geschlechtsspezifische Rollenbilder sind abhängig vom sozio-ökonomischen, politischen und kulturellen Zusammenhang und üblicherweise auf eine bestimmte Zeit und einen bestimmten Ort zugeschnitten. Sie können je nach speziellem Zusammenhang in dem sie auftreten, variieren und sind durch andere Faktoren wie Klasse, Alter, Rasse und Ethnie beeinflusst. Wie alle sozialen Konstruktionen sind sie veränderlich. Die Rollenbilder und Beziehungen

---

[17] Nach UNICEF, Menschenrechtsverletzungen an Frauen und Mädchen - Apartheid der Geschlechter, 2002, 2 sind 2/3 der weltweit 900 Millionen Analphabeten weiblich.
[18] In *Potts/Prasske*, Frauen - Flucht – Asyl, 20, wird ausgeführt: *„Vergewaltigungen sind daher... sowohl Fluchtursache als auch Begleiterscheinung von Flucht sowie Fluchthindernis".*
[19] Oft auch als „soziologisches" Geschlecht bezeichnet; beide Begriffe verstehen „sozial" bzw „soziologisch" in der Bedeutung von „gesellschaftlich".
[20] *Ainetter Brautigam*, International Human Rights Law: The Relevance of Gender, in *Benedek/Kisaakye/Oberleitner* (Hg), The Human Rights of Women: International Instruments and African Experiences (3–30), 21f.

gestalten für Frauen den Zugang zu Rechten, Ressourcen und Möglichkeiten sowohl im öffentlichen wie auch im Privatleben."[21]

Während das biologische Geschlecht also gesellschaftsunabhängig ist, wird das soziale Geschlecht unmittelbar von der Gesellschaft geformt, indem an das biologische Geschlecht spezifische Eigenschaften geknüpft werden, und so jedem Geschlecht eine gewisse Rolle zugeteilt wird. Gerade patriachale Gesellschaften sind oft stark rollensegregiert, dh die geschlechtsabhängigen Rollenbilder sind äußerst starr. Auch wenn diese Rollenbilder in verschiedenen Gesellschaften stark variieren, so werden sie doch überwiegend als naturgegeben (bzw in religiös geprägten Gesellschaften als gottgewollt) und deshalb als unabänderlich wahrgenommen und dementsprechend vehement verteidigt, stellt doch die Nichtbeachtung der geschlechtsspezifischen Rollenverteilung einen Angriff auf die menschliche bzw gesellschaftliche Natur oder gar gegen Gott dar. Deshalb kommt es aufgrund des sozialen Geschlechts zu massiven Menschenrechtsverletzungen, die überwiegend Frauen betreffen.

Gerade gegenüber Frauen wird nämlich – mit verschiedenen Begründungen – oft ein strenges, stark einschränkendes Rollenbild vorgegeben, indem ihnen jede selbstbestimmte Lebensführung – besonders eine selbstbestimmte Sexualität und Partnerwahl – untersagt wird und sie den männlichen Angehörigen untergeordnet werden. Diese Unterordnung wird teils gesetzlich verankert, teils aber auch nur von gesellschaftlicher Seite (zumeist mit stillschweigender Akzeptanz der Behörden) durchgesetzt. Als Beispiel sind häusliche Gewalt oder Ehrenmorde[22] zu nennen.

Zudem birgt auch die patriachale Benachteiligung von Frauen, die als minderwertig gesehen werden, Gefahren. Dadurch, dass das Leben einer Frau als weniger wertvoll gesehen wird, kommt es zu selektiven Abtrei-

---

[21] Im Original: „*The term gender refers to the socially constructed roles of women and men that are ascribed to them on the basis of their sex. The word 'sex' refers to physical and biological characteristics of women and men. Gender roles reflect different social constructions of female and male identities which result from their different social positions rather than innate female and male behaviour. Gender roles are contingent on the socio-economic, political and cultural context, and are thus usually specific to a given time and space. They can vary according to the specific context in which they occur and are affected by other variables such as class, age, race and ethnicity. Like all social constructs, they can change. Gender roles and relations shape women's access to rights, resources and opportunities, in public and private life*".

[22] Näheres siehe Punkt 4.2. und 4.3.

bungen weiblicher Föten (oft auch gegen den Willen der Mutter, die sich durch ihre untergeordnete Stellung aber schwer durchsetzen kann) oder Neonatizide an weiblichen Säuglingen.[23] Doch auch erwachsene Frauen sind gefährdet: so spiegeln zB Mitgiftmorde die untergeordnete Stellung der Frauen in Indien wider.[24]

Auch die Sozialisation zum sozialen Geschlecht kann Frauen schwere Menschenrechtsverletzungen zufügen: so ist die weibliche Genitalverstümmelung[25] keine „Bestrafung" der verstümmelten Frau, sondern soll im Gegenteil die Frau erst zu einem vollwertigen Mitglied der Gesellschaft machen, ihre Diskriminierung als „unreine" Frau verhindern und ihr die Heirat in der Gesellschaft ermöglichen.[26]

Zusammenfassend laufen Frauen Gefahr, in ihren Menschenrechten massiv verletzt zu werden, weil sie als minderwertig gesehen werden, weil sie einseitige, diskriminierende Sittengebote verletzen, oder weil die Sozialisation zur Frau bereits menschenrechtswidrig ist.

Wenn nun eine Frau vor diesen Menschenrechtsverletzungen flieht und in Westeuropa um Asyl ansucht, so macht sie geschlechtsspezifische – genauer gesagt frauenspezifische – Fluchtgründe geltend. Nicht jede Asylwerberin beruft sich auf frauenspezifische Fluchtgründe, ein Teil wurde auch aufgrund geschlechtsneutraler Gründe verfolgt, das sind Fluchtgründe, die Männer und Frauen gleichermaßen betreffen.

Geschlechtsspezifische Verfolgung ist der Überbegriff, es können – wie am Ende dieses Abschnitts ausgeführt wird – auch Männer geschlechtsspezifisch (also männerspezifisch) verfolgt werden. Da Frauen in der patriachalen Gesellschaft dem Mann untergeordnet sind, sind jedoch überwiegend Frauen betroffen. Diese Arbeit ist zwar auf die frauenspezifische Verfolgung beschränkt, allerdings werden – da die meisten Quellen den Überbegriff der

---

[23] „Mindestens 60 Millionen Mädchen, die noch am Leben sein könnten, fehlen in verschiedenen Bevölkerungen, vor allem in Asien, aufgrund von geschlechtsselektiver Abtreibung, Kindesmord oder Vernachlässigung." so der UNHCR, Sexuelle und geschlechtsspezifische Gewalt gegen Flüchtlinge, RückkehrerInnen und Binnenvertriebene - Richtlinien zur Vorbeugung und Reaktion, 05.2003, 15.

[24] Nach dem Bericht UNICEF Österreich, Menschenrechtsverletzungen an Mädchen und Frauen - Apartheid der Geschlechter, 2002, 6 werden jährlich etwa 5000 Frauen Opfer von Mitgiftmorden (http://www.unicef.at/infomaterial_liste.html?kat=215, 2 abgerufen am 22.02.2008).

[25] In Folge mit der in der Literatur üblichen, englischen Abkürzung FGM für Female Genital Mutilation bezeichnet.

[26] Näheres siehe Punkt 4.1.

geschlechtsspezifischen Verfolgung verwenden – auch die Definitionen und UNHCR-Richtlinien zur geschlechtsspezifischen Verfolgung verwendet.

Frauenspezifische Verfolgung umfasst frauenspezifische Fluchtgründe[27] (also die Motivation der Verfolgung knüpft an das Geschlecht an) und frauenspezifischen Verfolgungshandlungen (das Mittel der Verfolgung ist geschlechtsspezifisch, also sexuell gefärbt). Natürlich kann sowohl Motivation als auch Mittel der Verfolgung frauenspezifisch sein, teilweise können auch Mittel und Motivation nicht scharf voneinander abgegrenzt werden.[28] Die Thematik der sexuellen Gewalt als Verfolgungshandlung wird unter Punkt 1.3. behandelt, allerdings wird dieses komplexe Thema nicht im Detail behandelt.

Die folgende Ausführung zu geschlechtsspezifischer Verfolgung hat der Deutsche Juristinnenbund (djb) in seiner „Stellungnahme zum Referentenentwurf eines Gesetzes zur Steuerung und Begrenzung der Zuwanderung und zur Regelung des Aufenthaltes und der Integration von Unionsbürgern und Ausländern (Zuwanderungsgesetz)"[29], 05. September 2001, gewählt:

„Hinsichtlich der Situation von Frauen fehlt die Klarstellung, dass geschlechtsspezifische Verfolgung eine Form von politischer Verfolgung in Anknüpfung an das unverfügbare Merkmal ‚Geschlecht' ist. Von geschlechtsspezifischer Verfolgung sind insbesondere betroffen:
Frauen, die geschlechtsbezogener Diskriminierung entweder von Seiten staatlicher Stellen oder von Seiten Privater ausgesetzt sind, wenn der Staat sie nicht ausreichend schützen kann oder will. Die Formen geschlechtsbezogener Diskriminierung reichen von Entrechtung von Frauen über sexuelle Gewalt bis hin zur rituellen Tötung;
Frauen, die Verfolgung befürchten, weil sie kulturelle oder religiöse Normen übertreten haben oder sich diesen nicht beugen wollen. Dazu gehören Vorschriften über Kleidung oder Auftreten in der Öffentlichkeit und auch die Genitalverstümmlung;
Frauen, die Verfolgung aufgrund der Aktivitäten oder der Ansichten von Familienangehörigen befürchten;

---

[27] Nach der neueren Terminologie der Statusrichtlinie wird als Synonym Verfolgungsgrund verwendet.
[28] So zB bei FGM, siehe Punkt 4.1.
[29] Siehe http://www.djb.de/stellungnahmen-und-pressemitteilungen/ (Stellungnahme über Email erhältlich).

Frauen, die aus denselben Gründen Verfolgung fürchten wie Männer, wobei die Art der Verfolgung geschlechtsbezogen sein kann.
Diese Verletzungen sind Formen politischer Verfolgung und begründen asylrechtlich relevante Abschiebungshindernisse."

Diese Definition hat inzwischen der Verwaltungsgerichtshof Hessen[30] mit Verweis auf den Deutschen Juristinnenbund übernommen, weswegen ihr besondere Bedeutung zukommt, da eine umfassende Definition der österreichischen Behörden bislang fehlt. Zwar wurde auch hier das Thema der geschlechtsspezifischen Verfolgung gerade von der zweiten Instanz öfter aufgegriffen, allerdings wurden dabei keine generellen Ausführungen zum Begriff der geschlechtsspezifischen Verfolgung getroffen.[31]

Bei dieser Definition bleibt zu kritisieren, dass einerseits zwar von „geschlechtsspezifischer Verfolgung" gesprochen wird, andererseits aber in der nicht taxativen Aufzählung nur frauenspezifische Verfolgung thematisiert wird. Hier wäre der Terminus „frauenspezifische Verfolgung" treffender gewesen, zumal der Deutschen Juristinnenbund eingangs in der zitierten Stellungnahme explizit ausführt, dass eben nur die Bestimmungen die Frauen und Kinder betreffen in dieser Stellungnahme analysiert werden. Auch kann gerade Punkt 3, die Verfolgung aufgrund der Aktivitäten oder Ansichten von Familienangehörigen, auch Männer betreffen.

Besonders befremdlich ist der letzte Satz unter Punkt 1: *„Die Formen geschlechtsbezogener Diskriminierung reichen von Entrechtung von Frauen über sexuelle Gewalt bis hin zur rituellen Tötung".* Diskriminierung wird sowohl in einschlägigen Rechtstexten[32] als auch im normalen Sprachgebrauch als Benachteiligung oder ungerechtfertigte Ungleichbehandlung verstanden[33]. Rituelle Tötungen und auch sexuelle Gewalt nun unter dem Begriff „Diskriminierung" zu subsumieren wirkt mE stark verharmlosend. Zudem werden Entrechtung, sexuelle Gewalt und rituelle Tötungen als reine Aufzählung dargestellt. Treffender wäre es darzulegen, dass eben die Entrechtung der

---

[30] Verwaltungsgerichtshof (VGH) Hessen 23.03.2005 - 3 UE 3457/04.A - (17 S., M6358).
[31] Siehe auch *Putzer/Rohrböck*, Asylrecht, 35.
[32] ZB Bundesverfassungsgesetz vom 03.07.1973 zur Durchführung des internationalen Übereinkommens über die Beseitigung aller Formen rassischer Diskriminierung (BGBl 1973/390): „...jede Unterscheidung aus dem alleinigen Grund der Rasse, der Hautfarbe, der Abstammung oder der nationalen oder ethnischen Herkunft...".
[33] Eine genaue Definition von Diskriminierung von Frauen findet sich in der CEDAW Art 1:

Frau dazu führt, dass keinerlei Prävention gegen sexuelle Gewalt und rituelle Tötungen stattfindet und die Täter auch keine Strafverfolgung zu befürchten haben.

Unter Punkt 4 der Definition des Deutschen Juristinnenbundes wird dann die geschlechtsspezifische Verfolgungshandlung als Teilbereich der geschlechtsspezifischen Verfolgung genannt. Dieser Begriff wird unter Punkt 1.3. näher erläutert.

Obwohl es nicht Thema dieser Diplomarbeit ist, bleibt doch zu erwähnen, dass auch Männer, obwohl das männliche Geschlecht in patriachalen Gesellschaften das herrschende ist, geschlechtsspezifisch verfolgt werden können. Diese Verfolgung beruht darauf, dass auch Männlichkeit als soziales Geschlecht mit zahlreichen Rollenbildern verknüpft wird. Zwar bietet in patriachalen Gesellschaften das soziale Geschlecht dem Mann zumeist Privilegien, aber eine Abweichung vom gesellschaftlich geprägten Rollenschema kann – gesellschaftlich oder auch staatlich – verfolgt werden. Schließlich stellt auch ein Mann, der die ihm gesellschaftlich zugeteilte Rolle ablehnt, das gesellschaftliche Rollenschema insgesamt in Frage und muss deshalb mit Repressionen bis hin zur Verfolgung rechnen.

Diese geschlechtsspezifische Verfolgung trifft besonders homosexuelle und transsexuelle Männer in traditionell-patriachalen Gesellschaften; sie werden entweder unmittelbar durch die Strafbehörden verfolgt, oder aber – oft mit Duldung seitens der öffentlichen Stellen – gesellschaftlicher Verfolgung unterworfen.

Auf die Situation homosexueller Frauen, die nach Österreich flüchten, wird unter Punkt 4.3. eingegangen.

„In diesem Übereinkommen bezeichnet der Ausdruck „Diskriminierung der Frau" jede mit dem Geschlecht begründete Unterscheidung, Ausschließung oder Beschränkung, die zur Folge oder zum Ziel hat, daß die auf die Gleichberechtigung von Mann und Frau gegründete Anerkennung, Inanspruchnahme oder Ausübung der Menschenrechte und Grundfreiheiten durch die Frau – ungeachtet ihres Familienstands – im politischen, wirtschaftlichen, sozialen, kulturellen, staatsbürgerlichen oder jedem sonstigen Bereich beeinträchtigt oder vereitelt wird".

1.3. Zum Begriff der frauenspezifischen Verfolgungshandlungen

Die UN-Erklärung über die Beseitigung der Gewalt gegen Frauen vom 20. Dezember 1993 führt aus:

„[Gewalt gegen Frauen] ... ist Ausdruck der historisch ungleichen Machtverhältnisse zwischen Männern und Frauen, die dazu geführt haben, dass Frauen von Männern dominiert und diskriminiert und daran gehindert werden, sich gleichberechtigt zu entfalten; Gewalt gegen Frauen ist einer der entscheidenden Mechanismen, durch den Frauen gezwungen werden, sich dem Mann unterzuordnen."

Gewalt gegen Frauen ist, wie das obige Zitat ausführt, als jede Form der Gewaltanwendung gegen eine Frau oder ein Mädchen zu sehen, die als Ziel die Aufrechterhaltung der bestehenden, patriachalen Ordnung hat. Natürlich können die Gewalttaten jede erdenkliche Form annehmen, besonders handelt es sich aber um frauenspezifische Gewalthandlungen, also Übergriffe auf der sexuellen Ebene, wie zB Vergewaltigung. Als Überbegriff zu frauenspezifischen Gewalt ist geschlechtsspezifische Gewalt zu nennen, die auch Männer betreffen kann, obwohl mehrheitlich Frauen betroffen sind.
Der UNHCR zieht folgende Definition heran: [34]

„...der Ausdruck ‚geschlechtsspezifische Gewalt' bedeutet Gewalt gegen eine Person aufgrund ihres soziologischen oder physiologischen Geschlechts (‚gender or sex'). Er schließt Handlungen, die körperlichen, seelischen oder sexuellen Schaden oder Leid verursachen, die Androhung derartiger Handlungen, Nötigung und andere Formen der Freiheitsberaubung ein ... Geschlechtsspezifische Gewalt kann sich gegen Frauen, Männer, Jungen und Mädchen richten, doch sind die Opfer meist Frauen und Mädchen."

---

[34] Zitiert aus UNHCR, Sexuelle und geschlechtsspezifische Gewalt gegen Flüchtlinge, RückkehrerInnen und Binnenvertriebene - Richtlinien zur Vorbeugung und Reaktion, 05.2003,18 (http://www.unhcr.ch/include/fckeditor/custom/File/Protection/SexualViolence_d.pdf) unter der Überschrift *„erweiterte Definition von sexueller und geschlechtsspezifischer Gewalt, wie sie von UNHCR und seinen Partnerorganisationen verwendet wird, (auf Grundlage der Artikel 1 und 2 der Erklärung der UN-Generalversammlung über die Beseitigung der Gewalt gegen Frauen (1993) und der Empfehlung 19 Absatz 6 der 11. Tagung des Ausschusses für die Beseitigung der Diskriminierung der Frau)".*

Gerade Flüchtlingsfrauen, egal ob sie aufgrund frauenspezifischer oder geschlechtsneutraler Gründen verfolgt werden, sind besonders gefährdet, Opfer sexueller Gewalt zu werden.[35]

Zu beachten ist, dass frauenspezifische Gewalt immer auch politisch motiviert ist: sie ist, wie der Text richtig ausführt, ja nicht nur durch das biologische Geschlecht, sondern auch durch das soziale[36] Geschlecht motiviert. Da das soziale Geschlecht von der Gesellschaft konstruiert wird, ist sie im weiteren Sinne politisch motiviert, schließlich ist die herrschende Gesellschaftsordnung auch ein politisches Thema, daher dient die geschlechtsspezifische Gewalt der Aufrechterhaltung dieser Ordnung.

Die frauenspezifische Gewalt dient der Unterwerfung der Frau, als Frau wird sie zum Objekt, über das der Täter verfügen kann. In diesem Kontext ist frauenspezifische Gewalt ein patriachaler Akt, indem die Frau erniedrigt und dem Mann unterworfen wird, ihre Selbstbestimmung wird vernichtet.[37] Gerade im Asylverfahren der ersten Instanz werden diese Argumente oft zu wenig berücksichtigt, frauenspezifische Gewalt wird „nur" als bedauerlicher Einzelfall, oder allgemeines Lebensrisiko von Frauen gesehen.[38]

Auch ist zu bedenken, dass Sexualität und sexuelle Gewalt eng mit den Macht- und Herrschaftsverhältnissen verknüpft sind. Das zeigt sich besonders durch den Einsatz von sexueller Gewalt als Kriegsmittel und in fremdbeherrschten Gebieten. Hier signalisiert sexuelle Gewalt nicht nur das patriachale Machtungleichgewicht zwischen den Geschlechtern, sondern vor allem die Unterdrückung des „Gegners".[39]

Wenn diese Überlegungen auf das Asylrecht umgelegt werden, so zeigt sich folgendes: Eine Frau, die aus Furcht vor sexueller Gewalt flieht, macht als Fluchtgrund ihr Geschlecht (in Sinne der sozialen Gruppe der Frau) geltend. Wie das obige Zitat ausführt, wird geschlechtsspezifische Gewalt

---

[35] „*Flüchtlinge und Binnenvertriebene, die nicht über den Schutz ihres Staates verfügen, zählen zu jenen Personengruppen, die am meisten gefährdet sind, Opfer von Gewalt, auch sexueller und geschlechtsspezifischer Gewalt, zu werden*" zitiert aus UNHCR, Sexuelle und geschlechtsspezifische Gewalt gegen Flüchtlinge, RückkehrerInnen und Binnenvertriebene - Richtlinien zur Vorbeugung und Reaktion, 05.2003, 9.
[36] Welches der UNHCR als soziologisches Geschlecht bezeichnet.
[37] Vgl *Laubenthal*, Vergewaltigung von Frauen als Asylgrund, 17ff.
[38] Siehe Punkt 3.3.3.
[39] Siehe *Phillips*, A Brief Introduction to the Relationship between Sexuality and Rights, in: Georgia Journal of International and Comparative Law, 2005 (33 Ga. J. Int'l & Comp. L. 451–466), 455ff.

auf Grund des Geschlechts angewandt, das Geschlecht motiviert den Täter dazu, Gewalt anzuwenden. Der Verfolgungsgrund, also die Motivation für die Verfolgung, ist das Geschlecht des Opfers, die Verfolgungshandlung ist die sexuelle bzw frauenspezifische Gewalt.

Es stellt sich die Frage, ob drohende frauenspezifische Gewalt grundsätzlich asylrelevant ist. Der Text der schon zitierten Stellungnahme des Deutschen Juristinnenbundes scheint diese Ansicht zu vertreten, dort heißt es als letzter Punkt:

„Frauen, die aus denselben Gründen Verfolgung fürchten wie Männer, wobei die Art der Verfolgung geschlechtsbezogen sein kann.
Diese Verletzungen sind Formen politischer Verfolgung und begründen asylrechtlich relevante Abschiebungshindernisse."

Dieser Absatz ist unklar. So können als „dieselben Gründe" wie Männer auch Fluchtgründe iSd GFK gemeint sein. Dann wäre dieser Punkt als Klarstellung zu sehen, dass bei gleichem Fluchtgrund auch sexuelle Gewalt asylrelevante Verfolgung darstellt.

Die andere mögliche Deutung ist, dass jede Frau, auch wenn sie aus geschlechtsneutralen Gründen geflohen ist, die bei einem Mann nicht asylrelevant wären, aufgrund der drohenden sexuellen Gewalt asylrelevant verfolgt wird. Bei der konsequenten Annahme, dass sexuelle Gewalttaten als politisch motiviert zu sehen ist, wäre auch die Schlussfolgerung möglich, dass deswegen grundsätzlich politische Verfolgung vorliegt.

Allerdings würde die generelle Annahme, dass jede (drohende) frauenspezifische Gewalt ein patriachaler Akt der Frauenunterdrückung und damit asylrelevant sei,[40] teilweise zu merkwürdigen Ergebnissen führen. So würde ein Mann, der aufgrund einer unpolitischen Straftat verurteilt wurde und dem im Gefängnis Folter (und unter Umständen auch Vergewaltigung) droht, nur einen subsidiären Schutz[41] zugesprochen bekommen, während

---

[40] Weil er eben die „soziale Gruppe der Frauen" betrifft, und die soziale Gruppe in der GFK benannt ist.
[41] Subsidiärer Schutz, oder Refoulementschutz nach der EMRK bedeutet, dass einem Asylwerber zwar nicht der Flüchtlingsstatus zugestanden wird, weil er eben nicht auf Grund seiner Rasse, Nationalität, Religion, politischen Einstellung oder seiner sozialen Gruppe verfolgt wird, aber er dennoch eine befristete Aufenthaltsgenehmigung erhält, weil ihm schwere Menschenrechtsverletzungen in der Heimat drohen (zB durch Bürgerkriege; schwere, in der Heimat unbehandelbare Krankheiten).

einer Asylwerberin, der nach derselben Verurteilung in der Strafhaft Vergewaltigung droht, den vorteilhaften Asylstatus erhalten würde.[42] Wie sich an diesem konstruierten Fall zeigt, muss in der für jede Asylantragsstellung vorgesehene Einzelfallprüfung wohl auch mit einbezogen werden, ob unter den gegebenen Umständen wirklich das Geschlecht der ausschlaggebende Faktor ist, oder ob nicht Männer in vergleichbaren Umständen derselben Unterdrückung und Missachtung ihrer Integrität ausgesetzt wären.

Besonders merkwürdig bei der zitierten Stellungnahme ist, dass die geschlechtsbezogene Gewalt offenbar keine notwendige Bedingung darstellt („kann"), um geschlechtsspezifische Verfolgung anzunehmen. Bei einer nichtgeschlechtsbezogenen Verfolgungshandlung und einem geschlechtsneutralen Verfolgungsgrund (der also auch Männer betreffen kann), kann wohl kaum mehr von geschlechtsspezifischer Verfolgung gesprochen werden.

Insofern zeigt sich, welche Schwierigkeiten sich bei dem Versuch der Definition von geschlechtsspezifischer Verfolgung ergeben.

Im Asylverfahren, nämlich bei der Einvernahme und der Beweiswürdigung, ist die Berücksichtigung der sexuellen Gewalt und den damit üblicherweise einhergehenden Traumata notwendig, da durch kulturelle Tabus und die psychische Beeinträchtigungen es Frauen üblicherweise große Überwindung kostet, solche Verfolgungshandlungen vorzubringen; es besteht die Gefahr, dass solche Erlebnisse verschwiegen werden. Darauf wird unter Punkt 5.2. eingegangen.

Abschließend ist zum besseren Verständnis anzumerken, dass frauenspezifische Verfolgungshandlungen nicht nur sexuelle Gewalt umfassen, diese wurde hier nur als Beispiel genannt, da wohl in der Praxis dies die häufigste frauenspezifische Verfolgungshandlung darstellen dürfte. So kann bspw. Wegnahme eines (neugeborenen) Kindes weil sich die Mutter weigert, gewisse Traditionen einzuhalten (hier: als Witwe ihren Schwager zu heiraten), als frauenspezifische Gewalt angesehen werden, da sie sich auch gegen die Mutter richtet und an die Mutterrolle anknüpft, die in den meisten Gesellschaften mit der Pflege und damit einer sehr engen Beziehung zum Kinde einhergeht.[43]

---

[42] Rechtspolitisch ist sicher auch eine Angleichung des subsidiären Schutzes und des Asylschutzes mE nach erstrebenswert, um Opfer von Menschenrechtsverletzungen in jedem Fall zu schützen. Ein erster, wichtiger Schritt wurde bereits in der - ansonsten restriktiven - AsylG-Novelle 2003 geschaffen, in der erstmals auch der subsidiärem Schutz auf Familienangehörigen ableitbar wurde (§ 10, § 15 AsylG 1997 idF der Novelle 2003).
[43] VwGH 15.05.2003, 2001/01/0503.

2. Die Rechtsquellen des Asylrechts und die Richtlinien des UNHCR zu frauenspezifischen Asylthemen

2.1. Die Genfer Flüchtlingskonvention und die Richtlinien des UNHCR

2.1.1. Die Genfer Flüchtlingskonvention

Als wichtigstes Dokument des internationalen Flüchtlingsschutzes ist das Abkommen über die Rechtsstellung der Flüchtlinge[44] (unterzeichnet am 28. Juli 1951)[45] entstanden, um den Menschen, die während des Zweiten Weltkrieges in Europa geflohen sind oder vertrieben wurden, humanitären Schutz zu garantieren. Dabei wurde auch die heute noch völkerrechtlich verbindliche Definition[46] eines Flüchtlings getroffen. Allerdings war der Geltungsbereich dieser ersten Fassung auf Vorkommnisse vor dem 1. Januar 1951 beschränkt.

Erst als deutlich wurde, dass Flüchtlinge kein rein temporäres Problem in Folge der beiden Weltkriege sind, wurde am 31. Januar 1967 das „Protokoll über die Rechtsstellung der Flüchtlinge" geschaffen, das die zeitliche Einschränkung des Abkommens aufhob. Bis heute sind dem Abkommen und dem Protokoll über die Rechtsstellung der Flüchtlinge 145 Staaten beigetreten.

Die Mitgliedsstaaten verpflichten sich, Flüchtlinge iSd GFK nicht in den Verfolgerstaat (oder einen anderen Staat, in dem Verfolgung droht) zu verbringen (Art 33 Abs 1 GFK)[47] und ihnen gewisse Rechte im Anerkennungsverfahren und im Aufnahmeland[48] zu garantieren.

---

[44] Nach seinem Entstehungsort Genfer Flüchtlingskonvention benannt.
[45] Stammfassung: BGBl 1955/55, Änderung durch das ZP: BGBl 1974/78.
[46] Siehe Punkt 3.
[47] Art 33 Abs 1 GFK: „*Kein vertragsschließender Staat darf einen Flüchtling in irgendeiner Form in ein Gebiet ausweisen oder zurückweisen, wo sein Leben oder seine Freiheit aus Gründen seiner Rasse, seiner Religion, seiner Nationalität, seiner Zugehörigkeit zu einer bestimmten sozialen Gruppe oder seiner politischen Ansichten bedroht wäre*"
[48] Art 23 GFK verpflichtet die Vertragsstaaten „*den Flüchtlingen, die sich erlaubterweise auf ihrem Gebiet aufhalten, die gleiche Behandlung in der öffentlichen Unterstützung und Hilfeleistung zu gewähren wie sie ihren eigenen Staatsbürgern zuteil wird*"

Dabei geht die GFK von einem materiellen Flüchtlingsbegriff aus, die Anerkennung als Konventionsflüchtling wirkt rein deklarativ.[49] Wer aufgrund politischer Verfolgung iSd GFK geflohen ist, ist also ab dem Zeitpunkt, in dem er sein Heimatland verlässt, Flüchtling und steht unter dem Schutz der GFK.[50]

Dabei wählt die GFK in Art 1 A Abs 1 folgende Definition für den Begriff Flüchtling:

„Als Flüchtling im Sinne dieses Abkommens ist anzusehen wer …
2. sich (infolge der vor dem 1. Jänner 1951 eingetretenen Ereignisse)[51] aus wohlbegründeter Furcht, aus Gründen der Rasse, Religion, Nationalität, Zugehörigkeit zu einer bestimmten sozialen Gruppe oder der politischen Gesinnung verfolgt zu werden, außerhalb seines Heimatlandes befindet und nicht in der Lage oder im Hinblick auf diese Furcht nicht gewillt ist, sich des Schutzes diese Landes zu bedienen…"

Allerdings wurde gerade von der Frauenrechtsbewegung diese Definition der GFK kritisiert, weil bei der Formulierung der Fluchtgründe eher an den in der patriachalen Rollenverteilung dem Mann zugeschriebenen öffentlichen Lebensbereich gedacht wurde, während viele Verfolgungsformen, denen Frauen ausgesetzt sind, als „private Angelegenheit" gesehen wurden und deshalb nicht berücksichtigt wurden.[52]

Beispielsweise kritisiert *Brita Neuhold* die GFK als „genderblind", und verweist darauf, dass im englischen Originaltext nur als „he" vom Flüchtling gesprochen wird.[53] Weiters führt sie aus, dass der Großteil der frauenspezifischen Fluchtgründe nicht genannt wird.[54]

---

[49] Auch in der Statusrichtlinie wird unter den Erwägungsgrund 14 ausdrücklich festgelegt, dass die Anerkennung als Flüchtling rein deklaratorisch ist.
[50] UNHCR, Handbuch über Verfahren und Kriterien zur Feststellung der Flüchtlingseigenschaft (UNHCR-Handbuch), 1979, 28.
[51] Die zeitliche Beschränkung wurde am 31.01.1967 durch das Protokoll über die Rechtsstellung der Flüchtlinge aufgehoben.
[52] Diese Kritik trifft auch auf andere Gebiete des Völkerrechts zu.
[53] Allerdings wurde die GFK trotz der nicht-geschlechtsneutralen Formulierung nie so verstanden, dass sie nur Männern Schutz bietet.
[54] *Neuhold*, Internationale Dimensionen, in *Neuhold/Pirstner/Ulrich* (Hg), Menschenrechte – Frauenrechte: Internationale, europarechtliche und innerstaatliche Dimensionen (19–164), 121.

Auffallend ist weiters, dass auch im in der GFK enthaltenen Diskriminierungsverbot (Art 3 GFK) das Geschlecht nicht genannt wird. Es wird nur ein Verbot der Diskriminierung aufgrund der Rasse, Religion und des Herkunftslandes aufgestellt. Auch hier bleibt die GFK genderblind.

2.1.2. Die Richtlinien des UNHCR betreffend die Flüchtlingseigenschaft und geschlechtsspezifische Verfolgung

Als wichtige Auslegungshilfe für die nationalen Behörden der GFK-Staaten hat der UNHCR „Richtlinien zum Internationalen Schutz" sowie das „UNHCR-Handbuch" (UNHCR, Handbuch über Verfahren und Kriterien zur Feststellung der Flüchtlingseigenschaft, 1979)[55] geschaffen. Zwar sind weder die UNHCR-Richtlinien noch das UNHCR-Handbuch rechtsverbindlich; sie stellen bloße Empfehlungen für die Mitgliedstaaten dar, jedoch enthalten sie die Ansichten und Erwartungen des UNHCR zu aktuellen und umstrittenen Themen. So kommt ihnen eine gewisse politische Relevanz zu, vor allem weil der UNHCR auch öffentlich Missstände in der nationalen Asylgesetzgebung und -praxis kritisiert. Auf diese Weise versucht der UNHCR die Auslegung der GFK in den Mitgliedsstaaten an seine Vorstellungen anzupassen. Das ist nötig, damit auch Problemstellungen im internationalen Flüchtlingsrecht berücksichtigt werden, die zum Beschlusszeitpunkt nicht bedacht wurden und die internationale Aufmerksamkeit auf aktuelle Problemfelder gelenkt wird, um so auch die Sensibilität der nationalen Entscheidungsträger zu erhöhen.

Gerade zum Thema geschlechtsspezifische Verfolgung wurden zahlreiche UNHCR-Richtlinien erlassen, um das „genderblinde" Vorgehen bei der Beschlussfassung auszugleichen.

Besonders hervorzuheben sind die
- Richtlinien zum Internationalen Schutz: Zugehörigkeit zu einer bestimmten sozialen Gruppe im Zusammenhang mit Artikel 1 A Abs 2 des Abkommens von 1951 bzw. des Protokolls von 1967 über die Rechtsstellung der Flüchtlinge, 7. Mai 2002: Da gerade der Fluchtgrund „Zugehörigkeit zu einer bestimmten sozialen Gruppe" relativ unklar und deshalb schwierig zu erfassen ist, legt der UNHCR in dieser Richtlinie seine Auslegung dieses Fluchtgrundes dar.

---

[55] Das UNHCR-Handbuch wurde 1992 neu aufgelegt.

- Richtlinien zum Internationalen Schutz: Geschlechtsspezifische Verfolgung im Zusammenhang mit Artikel 1 A Abs 2 des Abkommens von 1951 bzw. des Protokolls von 1967 über die Rechtsstellung der Flüchtlinge, 7. Mai 2002: In dieser Richtlinie legt der UNHCR dar, wie nach seiner Ansicht geschlechtsspezifische Vorbringen GFK-gemäß zu subsumieren sind. Dabei wird betont, dass, obwohl der Fluchtgrund „Geschlecht" in der GFK nicht erwähnt ist, geschlechtsspezifische Verfolgung dennoch die Flüchtlingseigenschaft begründen kann.
- Internationaler Flüchtlingsschutz: Auslegung von Artikel 1 des Abkommens von 1951 über die Rechtsstellung der Flüchtlinge, April 2001: Diese Richtlinie geht insgesamt auf die Auslegung des Art 1 GFK ein. Da im Art 1 die wesentlichen Definitionen des Flüchtlingsbegriffs getroffen werden, stellt der UNHCR in dieser Richtlinie klar, wer nach seiner Ansicht ein Flüchtling iSd GFK ist. Dadurch ist diese Richtlinie weiter gefasst als die zuvor vorgestellten.
- Sexuelle und geschlechtsspezifische Gewalt gegen Flüchtlinge, RückkehrerInnen und Binnenvertriebene – Richtlinien zur Vorbeugung und Reaktion, Mai 2003 (Überarbeitung von UNHCR, Sexuelle Gewalt gegen Flüchtlinge: Richtlinien zur Vorbeugung und Reaktion, 1995): Diese Richtlinie befasst sich nicht mit der rechtlichen Auslegung der GFK, sondern mit der Unterbringung und Versorgung von Flüchtlingen. Da gerade in großen Flüchtlingslagern sexuelle Übergriffe ein Problem darstellen und besonders Flüchtlingsfrauen gefährdet sind, Opfer sexueller Gewalt zu werden, stellt diese Richtlinie Mittel vor, um sexuelle Gewalt zu verhindern oder zumindest adäquat darauf zu reagieren.

Auch im nationalen österreichischen Verfahren hat der UNHCR gewisse Rechte, die garantieren sollen, dass die Verpflichtungen der GFK eingehalten werden. So ist er über die Einleitung eines Asylverfahrens[56] zu infor-

---

[56] Weiters muss der UNHCR über die Einleitung eines Verfahrens zur Zurückweisung, Zurückschiebung, Ausweisung, Abschiebung, oder zur Verhängung eines Aufenthaltverbotes gegen einen Flüchtling (bzw eines Asylwerbers) und über Asyl-Aberkennungen und Asylverzichte informiert werden (§ 63 AsylG 2005).

mieren, er kann Auskünfte verlangen, Akteneinsicht nehmen, bei Vernehmungen und Verhandlungen anwesend sein und Kontakt zu Asylwerbern aufnehmen.

Erweiterte Kompetenzen des UNHCR ergeben sich im Flughafenverfahren, also dem Fall, dass ein Asylsuchender seinen Antrag am Flughafen stellt und dort verbleiben muss, bis bestimmt wird, ob ihm die Einreise gestattet wird.

Die GFK enthält eine Günstigkeitsklausel (Art 5 GFK), deshalb sind für den Flüchtling günstigere Regelungen (zB der EMRK) vorrangig anzuwenden.

2.2. Die EU-Harmonisierung im Asylbereich

Im Vertrag von Amsterdam vom 19. Juli 1997, seit 1. Mai 1999 in Kraft, hat die Europäische Gemeinschaft ihre Kompetenzen im Asylbereich erweitert. In einem 5-Jahreszeitraum (also bis 1. Mai 2004) wurden Richtlinien und Verordnungen erstellt, die überwiegend verfahrensrechtliche Fragen,[57] insbesondere die Zuständigkeit[58] innerhalb der Mitgliedstaaten regeln. Dabei betont die EU ihre Bindung an die Vorgaben der GFK und anderer menschenrechtlicher Abkommen, insbesondere der EMRK.[59]

Obwohl alle EU-Mitgliedstaaten auch Mitgliedstaaten der GFK und der EMRK sind, so gibt es doch eklatante Unterschiede in der Asylgesetzgebung, -rechtsprechung und -praxis, die einen Konsens über asylrechtliche Themen erschweren.

Dennoch wurde, nachdem die Frist des Amsterdamer Vertrages schon beinahe abgelaufen war, am 29. April 2004 die „Richtlinie 2004/83/EG über

---

[57] ZB Richtlinie 2003/9/EG des Rates vom 27.01.2003 über die Festlegung von Mindestnormen für die Aufnahme von Asylwerbern in den Mitgliedsstaaten ABl 2003 L 31/18ff.; Richtlinie 2001/55/EG des Rates vom 20.07.2001 über Mindestnormen für die Gewährung des vorübergehenden Schutzes im Falle eines Massenzustroms von Vertriebenen, ABl 2001 L 212/12ff.

[58] ZB Verordnung 343/2003 des Rates vom 18.02.2003 zur Festlegung der Kriterien und Verfahren zur Bestimmung des Mitgliedstaates der für die Prüfung eines von einem Drittstaatsangehörigen in einem Mitgliedsstaat gestellten Asylantrages zuständig ist (Dublin-Verordnung) ABl 2003 L 50/1f.

[59] Siehe zB Schlussfolgerungen der Präsidentschaft, Europäischer Rat von Tampere, Auf dem Weg zu einer Union der Freiheit, der Sicherheit und des Rechts: die Meilensteine von Tampere (15./16.10.1999) Abs 4, 13.

Mindestnormen für die Anerkennung und den Status von Drittstaatsangehörigen oder Staatenlosen als Flüchtling oder als Personen, die anderwertig internationalen Schutz benötigen und über den Inhalt des zu gewährenden Schutzes"[60] (Statusrichtlinie) vom Rat der Justiz- und Innenminister erlassen.

Regelungsinhalt der Statusrichtlinie ist die Festsetzung von Mindestnormen für die Anerkennung von Drittstaatsangehörigen oder Staatenlosen als Flüchtlinge oder als Personen, die internationalen Schutz[61] benötigen sowie Mindestnormen des Schutzinhaltes. Damit ist die Statusrichtlinie ein wesentlicher Schritt hin zu einem einheitlichen europäischen Asylrecht, da materiell der Begriff des Flüchtlings definiert wird und dessen Rechtsstatus vereinheitlicht wird. Dabei werden die Bestimmungen der GFK durch die Statusrichtlinie konkretisiert. Deshalb ist diese Richtlinie zur Beurteilung frauenspezifischer Fluchtgründe besonders interessant, bietet sie doch die Möglichkeit, die erst nach 1951 ins Bewusstsein geratene Problematik der Flüchtlingsfrauen zu berücksichtigen.

Hinsichtlich des Flüchtlingsbegriffs übernimmt zwar die Statusrichtlinie zuerst die Definition der GFK[62], und zwar in Art 2 C.

„c) ‚Flüchtling' einen Drittstaatsangehörigen, der aus der begründeten Furcht vor Verfolgung wegen seiner Rasse, Religion, Staatsangehörigkeit, politischen Überzeugung oder Zugehörigkeit zu einer bestimmten sozialen Gruppe sich außerhalb des Landes befindet, dessen Staatsangehörigkeit er besitzt, und den Schutz dieses Landes nicht in Anspruch nehmen kann oder wegen dieser Furcht nicht in Anspruch nehmen will, oder einen Staatenlosen, der sich aus denselben vorgenannten Gründen außerhalb des Landes seines vorherigen gewöhnlichen Aufenthalts befindet und nicht dorthin zurückkehren kann oder wegen dieser Furcht nicht dorthin zurückkehren will und auf den Artikel 12 keine Anwendung findet."[63]

---

[60] ABl 2004 L 304/12ff.
[61] Da auch der subsidiäre Schutz in der Statusrichtlinie enthalten ist, geht sie insofern über den Bereich der GFK hinaus.
[62] Allerdings nicht Wort für Wort, wie der UNHCR betont; siehe UNHCR-Kommentar zur Statusrichtlinie, 9.
[63] Art 12 Statusrichtlinie enthält die Ausschlussgründe Anm.

Allerdings werden in Art 9 und 10 Statusrichtlinie daraufhin die für den Flüchtlingsstatus wesentlichen Begriffe der Verfolgungshandlung (in Art 9) und der Verfolgungsgründe[64] (in Art 10) enger definiert:

„*Artikel 9 Verfolgungshandlungen*
(1) Als Verfolgung im Sinne des Artikels 1 A der Genfer Flüchtlingskonvention gelten Handlungen, die
a) aufgrund ihrer Art oder Wiederholung so gravierend sind, dass sie eine schwerwiegende Verletzung der grundlegenden Menschenrechte darstellen, insbesondere der Rechte, von denen gemäß Artikel 15 Absatz 2 der Europäischen Konvention zum Schutze der Menschenrechte und Grundfreiheiten keine Abweichung zulässig ist, oder
b) in einer Kumulierung unterschiedlicher Maßnahmen, einschließlich einer Verletzung der Menschenrechte, bestehen, die so gravierend ist, dass eine Person davon in ähnlicher wie der unter Buchstabe a) beschriebenen Weise betroffen ist.
(2) Als Verfolgung im Sinne von Absatz 1 können unter anderem die folgenden Handlungen gelten:
a) Anwendung physischer oder psychischer Gewalt, einschließlich sexueller Gewalt,
b) gesetzliche, administrative, polizeiliche und/oder justizielle Maßnahmen, die als solche diskriminierend sind oder in diskriminierender Weise angewandt werden,
c) unverhältnismäßige oder diskriminierende Strafverfolgung oder Bestrafung,
d) Verweigerung gerichtlichen Rechtsschutzes mit dem Ergebnis einer unverhältnismäßigen oder diskriminierenden Bestrafung,
e) Strafverfolgung oder Bestrafung wegen Verweigerung des Militärdienstes in einem Konflikt, wenn der Militärdienst Verbrechen oder Handlungen umfassen würde, die unter die Ausschlussklauseln des Artikels 12 Absatz 2 fallen
f) Handlungen, die an die Geschlechtszugehörigkeit anknüpfen oder gegen Kinder gerichtet sind.
(3) Gemäß Artikel 2 Buchstabe c) muss eine Verknüpfung zwischen den in Artikel 10 genannten Gründen und den in Absatz 1 als Verfolgung eingestuften Handlungen bestehen.

Artikel 10 Verfolgungsgründe

(1) Bei der Prüfung der Verfolgungsgründe berücksichtigen die Mitgliedstaaten Folgendes:

a) Der Begriff der Rasse umfasst insbesondere die Aspekte Hautfarbe, Herkunft und Zugehörigkeit zu einer bestimmten ethnischen Gruppe.

b) Der Begriff der Religion umfasst insbesondere theistische, nichttheistische und atheistische Glaubensüberzeugungen, die Teilnahme bzw. Nichtteilnahme an religiösen Riten im privaten oder öffentlichen Bereich, allein oder in Gemeinschaft mit anderen, sonstige religiöse Betätigungen oder Meinungsäußerungen und Verhaltensweisen Einzelner oder der Gemeinschaft, die sich auf eine religiöse Überzeugung stützen oder nach dieser vorgeschrieben sind.

c) Der Begriff der Nationalität beschränkt sich nicht auf die Staatsangehörigkeit oder das Fehlen einer solchen, sondern bezeichnet insbesondere auch die Zugehörigkeit zu einer Gruppe, die durch ihre kulturelle, ethnische oder sprachliche Identität, gemeinsame geografische oder politische Ursprünge oder ihre Verwandtschaft mit der Bevölkerung eines anderen Staates bestimmt wird.

d) Eine Gruppe gilt insbesondere als eine bestimmte soziale Gruppe, wenn

– die Mitglieder dieser Gruppe angeborene Merkmale oder einen Hintergrund, der nicht verändert werden kann, gemein haben, oder Merkmale oder eine Glaubensüberzeugung teilen, die so bedeutsam für die Identität oder das Gewissen sind, dass der Betreffende nicht gezwungen werden sollte, auf sie zu verzichten, und

– die Gruppe in dem betreffenden Land eine deutlich abgegrenzte Identität hat, da sie von der sie umgebenden Gesellschaft als andersartig betrachtet wird.

Je nach den Gegebenheiten im Herkunftsland kann als eine soziale Gruppe auch eine Gruppe gelten, die sich auf das gemeinsame Merkmal der sexuellen Ausrichtung gründet.

Als sexuelle Ausrichtung dürfen keine Handlungen verstanden werden, die nach dem nationalen Recht der Mitgliedstaaten als strafbar gelten; geschlechterbezogene Aspekte können berücksichtigt werden, rechtfertigen aber für sich allein genommen noch nicht die Annahme, dass dieser Artikel anwendbar ist.

e) Unter dem Begriff der politischen Überzeugung ist insbesondere zu verstehen, dass der

Antragsteller in einer Angelegenheit, die die in Artikel 6 genannten potenziellen Verfolger sowie deren Politiken oder Verfahren betrifft, eine Meinung, Grundhaltung oder Überzeugung vertritt, wobei es unerheblich ist, ob der Antragsteller aufgrund dieser Meinung, Grundhaltung oder Überzeugung tätig geworden ist.
(2) Bei der Bewertung der Frage, ob die Furcht eines Antragstellers vor Verfolgung begründet ist, ist es unerheblich, ob der Antragsteller tatsächlich die Merkmale der Rasse oder die religiösen, nationalen, sozialen oder politischen Merkmale aufweist, die zur Verfolgung führen, sofern ihm diese Merkmale von seinem Verfolger zugeschrieben werden."

Ausdrücklich erwähnt wird auch, dass völkerrechtliche Verpflichtungen (also hinsichtlich der GFK und der EMRK) nicht beschränkt werden.[65] Das kann dazu führen, dass je nach Günstigkeit zwei verschiedenen Flüchtlingsbegriffe zur Anwendung kommen. Da die Statusrichtlinie auf die GFK verweist,[66] kann auch auf die Empfehlungen des UNHCR zurückgegriffen werden, sowie nationale Judikatur zur Auslegung der GFK auch zur Auslegung der Statusrichtlinie herangezogen werden.

Da die Statusrichtlinie nur Mindestnormen festlegt, bleibt es jedem Mitgliedsstaat unbenommen, für die Flüchtlinge günstigere, nationale Regelungen beizubehalten oder zu erlassen.[67] Besonders verfassungsrechtliche Schutzgarantien binden also weiterhin die entscheidenden Behörden.

Dennoch wird auch die Statusrichtlinie durchaus kritisch gesehen.[68] So hat auch der mit der Behandlung der Verfahrensrichtlinie[69] befasste LIBE-

---

[64] „Verfolgungsgrund" wird in der Statusrichtlinie als Synonym für „Fluchtgrund" genannt, ein weiteres, in der Rspr geläufiges Synonym ist „Konventionsgrund".
[65] So Art 5 Abs 3, Art 20 Abs 1, Art 21 Statusrichtlinie
[66] Art 2 lit c und lit d Statusrichtlinie versteht die Flüchtlingseigenschaft als Anerkennung als Flüchtling im Sinne der GFK.
[67] Art 3 Statusrichtlinie.
[68] So wird in der Stellungnahme von amnesty international Österreich zum Fremdenrechtspaket, 04.2005 (ai-Stellungnahme), 7 (http://www.parlament.gv.at/PG/DE/XXII/ME/ME_00259_32/imfname_039009.pdf, abgerufen am 22.02.2008) ausgeführt, dass die Statusrichtlinie sowie der Verfahrensrichtlinie (KOM(2002) 326 endg./2) vom 09.11.2004 „*in einer Reihe von Bestimmungen menschenrechtlich bedenklich sind und völkerrechtlichen Verpflichtungen der EU-Mitgliedstaaten zuwiderlaufen.*"; weiters zB ECRE, Broken Promises Forgotten Principles: an ECRE Evaluation of the Development of EU Minimun Standards for Refugee Protection, Tampere 1999 - Brussels 2004, 06.2005 (http://www.ecre.org/positions/Tampere_June_04.shtml).
[69] Richtlinie 2005/85/EG, ABl 2005 L 326/13ff.

Ausschuss (Ausschuss für bürgerliche Freiheiten, Justiz und Inneres) des EU-Parlaments in einem Arbeitspapier die Statusrichtlinie äußert kritisch beurteilt.[70]

In Österreich wurde die Statusrichtlinie in der Asylgesetz-Neufassung 2005 umgesetzt.

2.3. Die Asylgesetznovelle 2005

Erst im Jahre 2003 war eine umfassende Novellierung des AsylG 1997 beschlossen worden, die allerdings bereits am 15. Oktober 2004 zu wesentlichen Teilen vom VfGH als verfassungswidrig aufgehoben wurde. Daraufhin wurde im Nationalrat von den Regierungsparteien mit Zustimmung der SPÖ das Fremdenrechtspaket 2005[71] beschlossen, welches seit 2006 geltendes Recht ist. Ob dieses Fremdenrechtspaket der Prüfung des VfGH standhalten wird, bleibt abzuwarten, erste Gutachten bezweifeln, dass diesmal eine verfassungs- und völkerrechtskonforme Lösung gefunden wurde.[72]

Anders als in der AsylG-Novelle 2003 wurden im AsylG 2005 nicht nur verfahrensrechtliche Änderungen vorgenommen, sondern auch inhaltlich der Flüchtlingsbegriff geändert und auf die Statusrichtlinie verwiesen. So wird in § 2 Abs 11, 12 AsylG 2005 ausgeführt:

„§ 2 ...
11. Verfolgung: jede Verfolgungshandlung im Sinne des Art 9 Statusrichtlinie;
12. Ein Verfolgungsgrund: ein in Art 10 Statusrichtlinie genannter Grund;"

---

[70] ai-Stellungnahme, 7.
[71] BGBl 2005/100.
[72] So zB ai-Stellungnahme, 6ff; weiters Feik/Akyürek, Rechtsgutachten im Auftrag der Volkshilfe Oberösterreich und migrare – Zentrum für MigrantInnen OÖ: Ist die Schlechterstellung von Angehörigen von Österreichern im Vergleich zu Angehörigen von „EWR-Bürgern, die ihr Recht auf Freizügigkeit in Anspruch nehmen", wie sie im FPG, NAG und im AuslBG anzutreffen ist, aus verfassungsrechtlicher Sicht zulässig?, 05.05.2006 (http://deserteursberatung.at/themen/article/906/420/ abgerufen am 22.02.2008); UNHCR, Analyse der Regierungsvorlage für das Fremdenrechtspaket 2005, 20.05.2005 (http://www.unhcr.at/fileadmin/unhcr_data/pdfs/rechtsinformationen/5.2._A-Stellungnahmen/027_UNHCR-Analyse_-_Asylg2005_20mai05.pdf).

Im Gegensatz dazu wird im § 3 Abs 1 AsylG 2005 auf die GFK verwiesen:

„*§ 3 (1) Einem Fremden, der in Österreich einen Antrag auf internationalen Schutz gestellt hat, ist, soweit dieser Antrag nicht wegen Drittstaatsicherheit oder Zuständigkeit eines anderen Staates zurückzuweisen ist, der Status des Asylberechtigten zuzuerkennen, wenn glaubhaft ist, dass ihm im Herkunftsstaat Verfolgung im Sinne des Art 1 Abschnitt A Z. 2 Genfer Flüchtlingskonvention droht.*"

Besonders diese Bestimmungen berühren auch die rechtliche Beurteilung frauenspezifischer Fluchtgründe und werden deswegen näher erläutert.

§ 73 AsylG 2005 betont: „*Die Bestimmungen der Genfer Flüchtlingskonvention bleiben unberührt.*"; tatsächlich ist Österreich ja völkerrechtlich an die Bestimmungen der GFK gebunden, zudem ist die GFK in Österreich unmittelbar anwendbar, sie steht jedoch nicht im Verfassungsrang. Bei Konflikten zwischen dem AsylG 2005 und der GFK entsteht also ein Widerspruch. Allerdings ist Österreich durch die GFK verpflichtet, deshalb darf völkerrechtlich keineswegs eine für die Flüchtlinge ungünstigere Bestimmung einfachgesetzlich beschlossen werden. Insofern muss das AsylG 2005 auf jeden Fall völkerrechtskonform interpretiert werden, und mindestens den in der GFK vorgesehenen Schutz bieten. EU-rechtlich ist Österreich daran gebunden, den Mindestanforderungen der Statusrichtlinie zu genügen.

2.4. Sonstige völkerrechtliche Verpflichtungen

2.4.1. Die Europäische Menschenrechtskonvention

Neben dem Refoulementschutz für Konventionsflüchtlinge[73] ist im Asylverfahren als zweite Stufe die EMRK, die ohne jede Abänderung 1964 von Österreich in den Verfassungsrang gehoben wurde,[74] zu beachten.

Die EMRK sieht in ihren ZP teils direkt besondere Rechte für Ausländer vor, so das Verbot von Kollektivausweisungen von Ausländern (Art 4 4. ZPMRK) oder Verfahrensgarantien für die Ausweisung von Fremden (Art 1 7. ZPMRK).

Aber auch die anderen in der EMRK garantierten Rechte kommen auch Ausländern zu, und zwar unabhängig von deren Status. Eingriffe in ein Menschenrecht können nur wenn es in der EMRK vorgesehen ist unter den beschriebenen Umständen gerechtfertigt werden.

Dabei sind – neben den verfahrensrechtlichen Garantien der EMRK – vor allem Art 2, 3, 8 und Art 1, 6. ZPMRK relevant, da inzwischen durch Judikatur festgelegt wurde, dass diese Rechte auch ein Refoulement-Verbot, also das also das Verbot, einen Menschen in irgendeiner Form in ein Gebiet zu verbringen, wo ihm Menschenrechtsverletzungen drohen, enthalten.[75]

Auch aus anderen EMRK-Rechten wurde fallweise bereits ein Refoulement-Schutz abgeleitet.[76]

Art 2 EMRK enthält das Recht auf Leben. Dieses Recht ist notstandsfest, kann also auch in Kriegszeiten oder in Zeiten öffentlichen Notstandes nicht suspendiert werden. In dem später erlassenen Art 1 6. ZPMRK wird auch die Todesstrafe, die in Art 2 EMRK noch eine zulässige Ausnahme darstellte, verboten. Damit ist eine staatliche Tötungshandlung nur mehr dann gerechtfertigt, wenn die Gewaltanwendung unbedingt erforderlich war.

---

[73] Art 33 GFK verbietet den Mitgliedsstaaten, einen Flüchtling in irgendeiner Form in ein Gebiet zu verbringen, in dem er politisch verfolgt wird.
[74] BGBl 1958/210.
[75] *Huber*, Der völkerrechtliche Schutz für Flüchtlinge, in *Huber/Öllinger/Steiner-Pauls*, Handbuch Asylrecht (13–90), 80ff.
[76] So bezüglich Art 6 EMRK; im Fall Soering, EGMR 07.07.1989, sollte „*offenkundige Verweigerung eines fairen Prozesses*" im Auslieferungsland drohen, oder bezüglich Art 5 EMRK im Fall Drozd und Janousek, EGMR 26.06.1992, die Lehre zieht analog auch Art 7 EMRK heran. Vgl näher: *Huber*, Der völkerrechtliche Schutz für Flüchtlinge, in Huber /Öllinger /Steiner-Pauls, Handbuch Asylrecht (13–90), 86.

Auch Art 3 EMRK ist notstandsfest. Das Folterverbot gilt absolut; unter keinen Umständen darf jemand der Folter, unmenschlicher oder erniedrigender Behandlung oder Strafe unterworfen werden.[77]

Obwohl Art 2 und Art 3 EMRK als Abwehrrechte gegen staatliche Eingriffe konzipiert wurden, so ist inzwischen durch den EGMR klargestellt worden, dass den Mitgliedsstaaten auch eine Schutzpflicht zukommt. Also muss der Staat effiziente Maßnahmen[78] ergreifen, um die Menschen in seinem Hoheitsgebiet vor Eingriffen durch Dritte in diese Rechte zu schützen[79]. Dazu gehören unter anderem präventive Maßnahmen bei ernstzunehmender Gefährdung, aber auch eine effiziente Strafverfolgung sollten diese elementaren Menschenrechte verletzt worden sein.[80]

Das bereits erwähnte Refoulement-Verbot der Art 2 und 3 EMRK bedeutet, dass ein Mitgliedsstaat der EMRK niemanden in ein Land abschieben darf, in dem demjenigen ein gewaltsamer Tod oder Folter droht.

Besonders zu Art 3 EMRK besteht eine umfassende Judikatur[81] des EGMR (bzw vor der Wirksamkeit des 11. ZPMRK auch der EKMR) über indirekte Verletzungen des Folterverbotes durch Abschiebungen. Dabei sind auch drohende Folter bzw unmenschliche oder erniedrigende Behandlung oder Strafe durch Private[82] oder durch mangelnde medizinische Betreuung[83] erfasst, da ja ein absolutes Recht geschaffen wurde.

Zwar bietet der Flüchtlingsstatus nach der GFK einen umfassenderen Schutz, der Refoulement-Schutz der EMRK hat aber einen weiteren Anwendungsbereich, da er nicht an einen gewissen Fluchtgrund oder an die Motivation der Verfolgung anknüpft. Zudem können weder Asylausschluss-

---

[77] Auch das UN-Übereinkommen gegen Folter und andere grausame unmenschliche oder erniedrigende Strafe (CAT, BGBl 1990/641) enthält in Art 3 ausdrücklich ein Refoulement-Verbot. Da allerdings die CAT anders als die EMRK (Art 46) keine Verbindlichkeit der Entscheidungen vorsieht, dürfte in den meisten Fällen eine Beschwerde an den EGMR günstiger sein.
[78] Dabei ist aber der Grundsatz der Verhältnismäßigkeit zu beachten, der Staat muss keine unverhältnismäßigen Schutzmaßnahmen treffen.
[79] ZB Fall A gegen Vereinigtes Königreich, EGMR 23.09.1998.
[80] Vgl *Huber*, Der völkerrechtliche Schutz für Flüchtlinge, in *Huber/Öllinger/Steiner-Pauls*, Handbuch Asylrecht (13–90), 65.
[81] So ua Fall X gegen Belgien EKMR 29.05.1961, Fall Cruz Varas EGMR 20.03.1991 (explizite Erwähnung von Asylwerbern), Fall Nsona EGMR 28.11.1996, Fall Ahmed EGMR 17.12.1996.
[82] Fall H L R, EGMR 29.04.1997.
[83] Fall D gegen Vereinigtes Königreich, EGMR 02.05.1997.

gründe[84] noch Erwägungen der öffentlichen Sicherheit[85] eine Abschiebung rechtfertigen, da bei absoluten Rechten keine Interessenabwägung zulässig ist.

Auch Art 8 EMRK ist im Asylverfahren zu beachten, da eine Abschiebung zumeist einen Eingriff in das Privat- und Familienleben darstellt. Art 8 Abs 2 EMRK stellt dieses Menschenrecht unter einen Gesetzesvorbehalt, weswegen Eingriffe dann zulässig sind, wenn sie gesetzlich vorgesehen und in einer demokratischen Gesellschaft im öffentlichen Interesse[86] notwendig sind. „Notwendigkeit" umfasst daher auch eine Prüfung der Verhältnismäßigkeit.[87] Eine Interessenabwägung zwischen dem öffentlichen Interesse und dem Interesse des Abzuschiebenden auf sein Privat- und Familienleben ist vorzunehmen.

Art 14 EMRK enthält ein akzessorisches Diskriminierungsverbot, also ist – sofern ein anderes in der EMRK garantiertes Recht auch nur berührt wird[88] – jede Benachteiligung auf Grund des Geschlechts oder einem anderen unsachlichen Unterscheidungsmerkmal verboten. Da im Asylverfahren häufig das Recht auf Privat- und Familienleben (wie auch andere in der EMRK aufgezählten Menschenrechte) berührt wird, ist es verfassungs- und völkerrechtlich geboten, jede unsachliche, geschlechtsbezogene Ungleichbehandlung im Asylverfahren zu vermeiden.[89]

---

[84] Art 1 F GFK.
[85] Wie sie im Refoulement-Verbot der GFK enthalten sind (Art 33 Abs 2 GFK).
[86] Konkret: *„für die nationale Sicherheit, die öffentliche Ruhe und Ordnung. das wirtschaftliche Wohl des Landes, die Verteidigung der Ordnung und zur Verhinderung von strafbaren Handlungen, zum Schutz der Gesundheit und der Moral oder zum Schutz der Rechte und Freiheiten anderer notwendig ist"* Art 8 Abs 2 EMRK.
[87] So zB Fall Beldjoudi, EGMR 26.03.1992.
[88] Es ist allerdings nicht notwendig, einen tatsächliche Menschenrechtsverletzung oder auch nur einen Eingriff nachzuweisen, thematische Einschlägigkeit mit einem EMRK-Recht genügt; vgl *Huber*, Der völkerrechtliche Schutz für Flüchtlinge, in *Huber/Öllinger/Steiner-Pauls,* Handbuch Asylrecht (13–90), 76.
[89] Auch durch die Ausweitung des Gleichheitssatzes nach der Umsetzung des Internationalen Übereinkommens zur Beseitigung aller Formen rassischer Diskriminierung (BGBl 1973/390) durch den VfGH VfSlg. 15.109/1998 auf die Gleichbehandlung Fremder untereinander bietet einen verfassungsrechtlichen Diskriminierungsschutz.

2.4.2. Die Konvention zur Beseitigung jeder Form von Diskriminierung der Frauen

Doch auch andere internationale Rechtsquellen enthalten ein Diskriminierungsverbot[90]; zudem sind natürlich alle menschenrechtlichen Konventionen[91] auch auf Flüchtlingsfrauen anwendbar, die dort garantierten Rechte stehen also auch Frauen zu.

Für das Thema der frauenspezifischen Fluchtgründe ist zweifellos die CEDAW (Convention of the Elimination of all Forms of Discrimination against Women) die wichtigste internationale Konvention.

Die CEDAW ist 1979 von der UN-Generalversammlung beschlossen worden und am 3. September 1981 in Kraft getreten. Zwar ist die CEDAW nicht auf die Problematik von flüchtenden Frauen zugeschnitten, die ja meist eine doppelte Diskriminierung – als Frau und als Flüchtling bzw Ausländerin – erfahren; dennoch bindet die Konvention alle staatlichen Behörden, also auch die Asylbehörden und die von Land mit der Flüchtlingsbetreuung beauftragten Behörden[92], jede Diskriminierung aufgrund des Geschlechts zu unterlassen.

Konkret verpflichtet Art 2 lit c und d CEDAW die Mitgliedsstaaten:

„Artikel 2
Die Vertragsstaaten verurteilen jede Form von Diskriminierung der Frau; sie kommen überein, mit allen geeigneten Mitteln unverzüglich eine Politik zur Beseitigung der Diskriminierung der Frau zu verfolgen, und verpflichten sich zu diesem Zweck,
c) den gesetzlichen Schutz der Rechte der Frau auf der Grundlage der Gleichberechtigung mit dem Mann zu gewährleisten und die Frau durch die zuständigen nationalen Gerichte und sonstigen öffentlichen Einrichtungen wirksam vor jeder diskriminierenden Handlung zu schützen;

---

[90] So betont schon die UN-Charta in der Präambel: *„Wir die Völker der Vereinten Nationen fest entschlossen ... unseren Glauben an die Grundrechte des Menschen, an Würde und Wert der menschlichen Persönlichkeit, an die Gleichberechtigung von Mann und Frau sowie von allen Nationen, ob groß oder klein, erneut zu bekräftigen..."*.
[91] So konkret der UN- Internationaler Pakt über bürgerliche und politische Rechte, abgeschlossen 16.12.1966, in Art 3: *„Die Vertragsstaaten verpflichten sich, die Gleichberechtigung von Mann und Frau bei der Ausübung aller in diesem Pakt festgelegten bürgerlichen und politischen Rechte sicherzustellen."*
[92] In Tirol: Tiroler Landesregierung, Abteilung Soziales, Referat für Ambulante Dienste und Flüchtlingskoordination.

d) Handlungen oder Praktiken zu unterlassen, welche die Frau diskriminieren, und dafür zu sorgen, daß alle staatlichen Behörden und öffentlichen Einrichtungen im Einklang mit dieser Verpflichtung handeln;"

Auch müssen effektive Schutzmechanismen geschaffen werden um die Gleichberechtigung zwischen den Geschlechtern zu garantieren.

Leider sieht die CEDAW nur ein Berichtssystem der Länder vor. Erst mit dem Optionalprotokoll zur CEDAW[93] wurde die Möglichkeit einer Individualbeschwerde geschaffen, und so die Durchsetzbarkeit der Verpflichtungen verbessert.

Österreich hat die CEDAW 1982 ratifiziert[94], das Zusatzprotokoll wurde 2000 ratifiziert[95].

Natürlich sind auch andere internationale Rechtsquellen bei der Behandlung frauenspezifischer Fluchtgründe zu beachten, so besonders internationale Abkommen über Menschenhandel[96], da gerade Frauen auf der Flucht stark gefährdet sind, Opfer von Frauenhandel zu werden. Dieses Thema hängt zwar eng mit Flüchtlingsfrauen zusammen, ist jedoch zu vielschichtig, um es in diesem Kontext abschließend zu behandeln. Deshalb wird auf die Bedeutung dieses Protokolls vor allem für den Opferschutz hingewiesen, jedoch kann nicht näher auf den Inhalt eingegangen werden.

---

[93] Das Protokoll wurde 1999 von der UN-Generalversammlung beschlossen und ist am 22.12.2000 in Kraft getreten.
[94] BGBl 1982/443.
[95] BGBl 2000/206.
[96] So zB UN-Generalversammlung, Protocol to Prevent, Suppress and Punish Trafficking in Persons, Especially Women and Children, supplementing the United Nations Convention against Transnational Organized Crime, 2000 beschlossen, seit 25.12.2005 in Kraft.

3. Frauenspezifisch relevante materielle Begriffe der GFK und der Statusrichtlinie

3.1. Einleitung

Wie in Punkt 2.3. ausgeführt ist, wird im AsylG 2005 auf zwei verschiedene Flüchtlingsbegriffe verwiesen: auf die GFK und die Statusrichtlinie. Nach § 74 AsylG 2005 bleiben die Bestimmungen der GFK unberührt, dennoch wird beim Begriff der Verfolgung, der ja für die Zuerkennung des Flüchtlingsstatus von zentraler Bedeutung ist, in § 2 Abs 1 Z 11 AsylG 2005 auf Art 9 Statusrichtlinie verwiesen. Für die Definition des ebenso wichtigen Verfolgungsgrundes wird in § 2 Abs 1 Z 12 AsylG 2005 auf Art 10 Statusrichtlinie verwiesen. Auch hinsichtlich der Nachfluchtgründe und der innerstaatlichen Fluchtalternative werden über die GFK hinausreichende Bestimmungen getroffen.

Hier besteht durch diese von der Statusrichtlinie übernommenen Definitionen die Gefahr, dass es zu Widersprüchen zur GFK kommt. Diese Widersprüche müssen nach GFK (Günstigkeitsklausel Art 5 GFK) und dem § 74 AsylG 2005 aber so gelöst werden, dass die Bestimmungen der GFK unberührt bleiben, nur für den Flüchtling günstigere Bestimmungen der Statusrichtlinie können berücksichtigt werden. Weil das Gesetz erst relativ kurz angewendet wird, ist im Moment ist noch unklar, wie die Rspr der höheren Instanzen mit diesen potentiellen Konflikten umgehen wird.

Zum Verständnis ist der Begriff der „politischen Verfolgung", wie er von der Lehre in Anlehnung an den deutschen Rechtsbegriff verwendet wird, von dem der „politischen Gesinnung" zu unterscheiden. Politische Verfolgung bedeutet asylrelevante Verfolgung, also die Verfolgung ist durch einen der Fluchtgründe der GFK motiviert. So heißt es in Art 16a Abs 1 Deutsches Grundgesetz[97]: „*Politisch Verfolgte genießen Asylrecht.*" Hier wird nicht nur die Verfolgung aufgrund der politischen Einstellung als politische Verfolgung gewertet, sondern auch die aufgrund der Religion, der Rasse der Nationalität oder der sozialen Gruppe.

Deswegen kann auch ein politisch nicht aktiver Mensch verfolgt werden, weil er zB einer verfolgten Minderheit angehört. Damit ist der „politisch

---

[97] Urfassung: deutsches BGBl I 1949/1, letzte Änderung: 26.08.2006, deutsches BGBl I 2006/2034.

Verfolgte" nicht zwangsweise wegen seiner politischen Einstellung verfolgt worden, sondern die Motivation der **Verfolger** ist politisch. So kann eine Politik der „ethnischen Säuberungen" dazu führen, dass alle Mitglieder einer Minderheit zu „politisch Verfolgten" werden, unabhängig von deren politischer Einstellung.

Zwar beruft sich die Statusrichtlinie in ihrer Begriffsbestimmung (Art 2 lit c) auf den Flüchtlingsbegriff der GFK[98], allerdings werden in den späteren Art 9 und 10 sowohl die Verfolgung als auch die Verfolgungsgründe konkretisiert und – wie Kritiker betonen – teils auch unzulässig eingeschränkt.[99] Auch der UNHCR hat in seinem Kommentar zur Statusrichtlinie mit Besorgnis manche, für die Anerkennung als Flüchtling einschränkenden, Bestimmungen als nicht von der etablierten Auslegung der GFK gedeckt, dem Schutzzweck der GFK widersprechend oder zu weit formuliert befunden und den Mitgliedstaaten empfohlen, sie nicht in dieser Form umzusetzen. Da es den Mitgliedstaaten offen steht, für Flüchtlinge günstigere Bestimmungen aufrecht zu erhalten,[100] ist diese Empfehlung kein Widerspruch zum EU-Recht.

Im folgenden Kapitel sollen nun die frauenspezifisch besonders relevanten materiellen Begriffe des Flüchtlingsrechts sowohl nach der GFK (und der dazu existierenden österreichischen Rspr sowie der UNHCR-Empfehlungen) als auch nach der Statusrichtlinie untersucht werden, sowie denkbare Widersprüche aufgezeigt werden.

Neutrale Themen, die kaum geschlechtsspezifische Ausprägungen zeigen wie zB die Anforderung, dass der Flüchtling sich außerhalb seines Heimatlandes befinden muss und keinen Asylausschlussgrund gesetzt haben darf, werden nicht behandelt.

Weiters ist vorweg zu erwähnen, dass der Flüchtlingsschutz für alle Verfolgungsgründe derselbe ist, es sind also keine unterschiedlichen Rechtsfolgen an die Fluchtgründe gekoppelt. Auch ist es häufig unmöglich, eine konkrete Fluchtgeschichte auf eine abgegrenzte Verfolgungsursache zurückzuführen, weswegen der Tatbestand auch unter mehrere Fluchtgründe subsumiert werden kann.

---

[98] Allerdings wird, wie im UNHCR, Kommentar zur Statusrichtlinie, 9 zu Art 2 lit c ausgeführt wird, nicht der exakte Wortlaut der GFK wiedergegeben. (http://www.unhcr.at/fileadmin/unhcr_data/pdfs/rechtsinformationen/2_EU/2_EU-Asyl/B.03_Qualifikationsrichtlinie/B.3.01a.HCRQualDir0105-de.pdf).
[99] ZB ai-Stellungnahme, 7.
[100] Statusrichtlinie Erwägungsgrund 8, sowie Art 3 Statusrichtlinie.

3.2. Frauenspezifische Ausprägungen und Aspekte von Fluchtgründen

Nicht jede Flüchtlingsfrau ist auf Grund geschlechtsspezifischer Fluchtgründe geflohen, viele suchen aus geschlechtneutralen Gründen um Asyl an. Auch bei ihnen kann es im Verfahren und bei der Entscheidung notwendig sein, das Geschlecht mit einzubeziehen. So können auch Fluchtgründe, die nicht unmittelbar an die Geschlechtszugehörigkeit anknüpfen, entweder Frauen gehäuft betreffen oder aber sich bei Frauen spezifische Ausformungen der Fluchtgründe zeigen.[101] Dies ist eine Folge der unterschiedlichen Rollen, die Frauen und Männern gerade in patriachalen Gesellschaften zukommen. Diese Rollenverteilung spiegelt sich auch in der Fluchtgeschichte wider, weshalb das Geschlecht jedenfalls zu beachten ist.

Im folgenden Kapitel werden nun sowohl frauenspezifische Fluchtgründe als auch frauenspezifische Aspekte bei geschlechtneutralen Fluchtgründen behandelt, indem – nach einer Erläuterung der Definition der Statusrichtlinie und der frauenspezifischen Problemstellung – Beispiele aus der Rspr untersucht werden. Dabei wird besonders die Auslegung der GFK durch den UNHCR berücksichtigt.

3.2.1. Politische Gesinnung

Weltweit sind Frauen politisch unterrepräsentiert, selbst in Westeuropa ist nur ein Bruchteil der politischen Entscheidungsträger weiblich.[102] Tatsächlich ist dieser Bereich im traditionell-patriachalen Rollenmuster ganz eindeutig für den Mann reserviert. Er trifft die Entscheidungen (und hat auch die Macht das zu tun), er wird im öffentlichen Bereich tätig. Der Frau ist hingegen der häusliche Bereich zugeordnet, durch ihre Abschottung und den schon erwähnten Ausschluss von Weiterbildungsmöglichkeiten kann sie kaum politisch partizipieren.

Dennoch ist es verfehlt, auf Grund dieser traditionellen Rollenbilder, die die politische Betätigung von Frauen hemmen, anzunehmen, dass Frauen

---

[101] Vgl *Jensen*, Frauen in Asyl- und Flüchtlingsrecht, 94.
[102] Nach dem Bericht der Inter-Parliamentary Union, Women in parliament in 2005: the year in perspective, 4f (http://www.ipu.org/pdf/publications/women06_en.pdf) waren 2005 weltweit nur 16,3 % der nationalen Parlamentsmitglieder weiblich; in den OSZE-Mitgliedsstaaten sind es nach derselben Quelle 18,4 %.

aus patriachalen Gesellschaften nicht wegen ihrer politischen Einstellung verfolgt werden. Bei richtiger Beurteilung müssen die frauenspezifischen Formen des politischen Engagements in repressiv-patriachalen Gesellschaften beachtet werden. Wie der UNHCR richtig bemerkt, wird auch in der politischen Opposition Frauen eben eher der „häusliche" unterstützende Bereich und keine hohen Funktionen zu Teil. Als Beispiel wird vom UNHCR als „typisch weibliche" politische Betätigung die Pflege von verletzten Rebellen, Anwerbung von Sympathisanten oder Mithilfe bei der Verteilung und Herstellung von Flugblättern genannt.[103]

Oft genug werden solche Hilfsdienste auch von den Frauen selbst nicht als „politisches Engagement" angegeben, da sie diese Unterstützung der Opposition nicht als politisch werten, weil es sich eher um „häusliche Tätigkeiten" handelt.[104] Diese Tätigkeiten entsprechen nicht dem Bild des politischen Aktivisten. Dennoch können auch diese Unterstützungsformen zur Verfolgung führen.

Als Beispiel wurde eine Kongolesin, welche für eine dem Präsidenten nahe stehende Organisation in der Kinderbetreuung (hauptsächlich von Kriegswaisen) arbeitete, nach einem Machtwechsel verfolgt, bei einer Hausdurchsuchung wurde ihr Bruder erschossen, woraufhin sie zu ihrer Tante floh. Doch auch dort wurde sie aufgespürt, verhaftet und während der Haft vergewaltigt. Sie bekam weder in erster noch in zweiter Instanz Asyl zugesprochen.

Die erste Instanz[105] führte aus:

„Weiters habe die Asylwerberin nach ihren eigenen Angaben nur eine völlig unpolitische Tätigkeit ausgeübt und könne ausgeschlossen werden, dass sie wegen dieser Tätigkeit mit einer solchen Vehemenz verfolgt wor-

---

[103] UNHCR, Richtlinien zum Internationalen Schutz: Geschlechtsspezifische Verfolgung im Zusammenhang mit Artikel 1 A Abs 2 des Abkommens von 1951 bzw. des Protokolls von 1967 über die Rechtsstellung der Flüchtlinge, 05.01.2002, 10.

[104] In *Potts /Prasske*, Frauen – Flucht – Asyl, 41 wird von einer eritreisch-stämmigen Äthiopierin berichtet, die obwohl sie Flugblätter, Zeitschriften und Medikamente der Befreiungsbewegung EPLF versteckt, sowie Widerstandskämpfer mit Essen und frischer Wäsche versorgt hatte, jede politische Aktivität in der erstinstanzlichen Befragung verneint hatte, weil für sie davon ausgegangen war, dass nur der Kampf mit der Waffe außerhalb des häuslichen Bereichs davon umfasst sei.

[105] Sowohl die erste als auch die zweite Instanz zitiert aus: UBAS 18.12.2000, 209.866/0-XII/36/99.

den sei, dass man ihren Bruder ohne Vorwarnung erschossen und sie selbst sogar bei ihrer Tante in einer anderen Stadt aufgespürt habe."

während die zweite Instanz begründete, sie habe „*einen schlüssigen Zusammenhang zwischen ihrer bloß humanitären Tätigkeit und einer politisch motivierten Verfolgung nicht schlüssig darlegen konnte.*"

Erst der Verwaltungsgerichtshof sprach[106] ihr Asyl zu.

Diese Verfolgung kann sich bei politisch aktiven Frauen sogar verschlimmern, sie werden nicht nur wegen ihrer Zugehörigkeit zur Opposition verfolgt, sondern auch weil sie nicht der patriachalen Rollenaufteilung der rein passiven, unterwürfigen Frau entsprochen haben. In vielen Regimes wird Ungehorsam und Rebellion bei Frauen noch weniger akzeptiert als bei Männern. Hier wird der Übergang zwischen geschlechtsneutraler Verfolgung – also wegen des politischen Engagements – zu frauenspezifischer Verfolgung auf Grund ihres sozialen Geschlechts fließend.

Als Beispiel kann der Fall einer Afghanin zitiert werden.[107] Sie war vor der Machtergreifung der Taliban als Mitglied der demokratisch-kommunistischen Khalgh-Partei sowohl als Polizistin als auch als höhere Exekutivbeamtin im Ministerium tätig. Nach dem Tod ihres Mannes und nachdem die Taliban Frauen jede Arbeit verboten und teilweise ehemalige Beamtinnen ermordet hatten, ergriff sie die Flucht.

Im erstinstanzlichen, negativen Bescheid wird (in direkter Rede) kurzerhand ausgeführt:

„*Sie (die Asylwerberin Anm) konnten keine Umstände anführen, die die Annahme rechtfertigen würden, daß Sie persönlich in Ihrem Heimatstaat Verfolgungen im Sinne der Genfer Flüchtlingskonvention, das heißt aus Gründen der Rasse, Religion, Nationalität, Zugehörigkeit zu einer bestimmten sozialen Gruppe oder der politischen Gesinnung ausgesetzt waren....*
Wenn Sie schließlich behaupten, aus Angst, umgebracht zu werden, Ihr Heimatland verlassen zu haben, führt die erkennende Behörde dazu aus, daß der Grund für diese Furcht, die Sie aufgrund Ihrer Tätigkeit im Ministerium unter der Regierung Nadjibullahs gehabt haben, aus objektiver

---

[106] VwGH 08.04.2003, 2001/01/0100.
[107] UBAS 10.01.2000, 201.132/25-II/04/99.

Sicht unbegründet ist, fehlt Ihrem Vorbringen doch jeglicher konkreter Hinweis, daß dies von den Taliban tatsächlich beabsichtigt wäre."

Hier wird deutlich, dass die erstinstanzliche Behörde absolut nicht darauf eingeht, dass die Asylwerberin nicht nur politisch den Kommunisten angehört hat, und so in Opposition zu den Taliban gestanden ist (was schon ein Fluchtgrund wäre), sondern auch dass durch ihr Geschlecht die Gefährdung massiv verstärkt wurde.

Erst in der zweiten Instanz bekräftigt der bestellte Sachverständige die massive Gefährdung durch die Talibankämpfer:

„Als gebildete Frau und ehemalige Polizistin hat sie ein für die Taliban ungewöhnliches und unerwünschtes Selbstbewußtsein und ein selbstsicheres Auftreten in der Öffentlichkeit erlangt. Diese äußere Erscheinung der BW in Kombination mit ihrem attraktiven Aussehen wird die Taliban provozieren, denn solche Frauen werden von den Traditionalisten und den Taliban als unwürdige Personen erachtet."

Der Asylwerberin wurde Asyl gewährt.

Weiters ist zu bedenken, dass unter „politischer Gesinnung" nicht nur parteipolitisches Engagement verstanden wird. So ist in der Statusrichtlinie Art 10 Abs 1 lit e festgelegt, dass auch oppositionelle Meinungen zu gewissen vom Staat propagierten, im weiten Sinn politisch motivierten, Ansichten zur politischen Verfolgung führen können. So ist selbstverständlich jede emanzipatorische Betätigung[108] – sofern sie der staatlichen Linie widerspricht – umfasst; aber auch ziviler Ungehorsam gegen diskriminierende Bestimmungen kann als politische Aktivität gewertet werden. Kommt es zur Verfolgung auf Grund dieser Weigerung, frauenspezifische, diskriminierende Bestimmungen einzuhalten, liegt ein frauenspezifischer Fluchtgrund vor.

Als Beispiel für solche Bestimmungen können einschränkende Sittengebote wie Bekleidungsvorschriften für Frauen genannt werden. Deutlich wird diese Verknüpfung zwischen politischer Gesinnung und der staatlich

---

[108] Vgl UBAS 13.04.2000, 210.056/13-II/06/00 der das Eintreten für Gleichberechtigung zwischen Mann und Frau einer Afghanin unter den Taliban als politische Gesinnung gewertet wurde. Da diese Gesinnung aufgrund eines anderen Islamverständnissen als dem der Taliban beruhte, sind die Grenzen zur religiösen Verfolgung unklar.

vorgegebenen Verschleierungspflicht durch das Zitat von Marzia Hadid-chi Dabbgh[109], einer vom iranischen Staat ernannten Parlamentarierin: *„Frauen, die den Hejab ignorieren, setzen sich in Wirklichkeit in Opposition zum Staat".* Also sieht der iranische Staat Frauen, die die Verschleierung verweigern, nicht nur als „unmoralisch" oder „unsittlich" sondern auch als politische Gegner. Hier wird im Zuge der fundamentalistischen Moral das scheinbar Private (also die Wahl der Bekleidung) zum Staatsinteresse.[110]

Zudem ist nicht nur die tatsächliche, sondern auch eine nur unterstellte politische Gesinnung asylrelevant.[111] So wird einer Frau oft unterstellt, die gleiche Gesinnung wie ihr Mann oder ihre Familie zu haben, weil im patriachalen Denkmuster eine Frau sich dem Mann unterzuordnen hat, ihr wird keine eigene unabhängige Meinung zugetraut.

Problematisch wird diese Konstellation, wenn die Frau von ihrem Ehemann oder ihrer Familie nicht in deren politische Aktivitäten eingeweiht wird. Das kann aus Schutzgedanken, aber auch daraus resultieren, dass politische Themen in vielen Gesellschaften als unpassend für Frauen gelten. Dadurch kann der Fall eintreten, dass die Betroffene zwar aus einem politischen Motiv verfolgt wird (nämlich weil ihr die Gesinnung ihres Ehemannes bzw ihrer Familie unterstellt wird), sie aber Asylverfahren keinen Grund für diese Verfolgung nennen kann. Dadurch wird sie möglicherweise als unglaubwürdig angesehen, jedenfalls aber auf den ungünstigeren Refoulementschutz der EMRK[112] verwiesen. Der Asylstatus wird ihr – weil sie eben selbst nicht nachvollziehen kann, weshalb sie verfolgt wird, und so auch keinen Fluchtgrund iSd GFK geltend machen wird – verwehrt bleiben.

3.2.2. Religion

Gerade in nicht-laizistischen Staaten kommt es zu einer Überschneidung zwischen „politischen" und „religiösen" Verfolgungen, da nach Art 10 Abs 1 lit b Statusrichtlinie auch jegliche religiöse (ebenso wie atheistische) Meinungsäußerungen und Verhaltensweisen unter den Begriff der Religion

---

[109] In Die Tageszeitung (taz), 08.12.1989, zitiert aus: *Potts /Prasske*, Frauen - Flucht – Asyl, 49.
[110] Allerdings ist hier die Trennung zur religiösen Verfolgung unklar, siehe Punkt 3.4.2.
[111] ZB VwGH 19.09.1996, 95/19/0077.
[112] Sofern die Verfolgung die Intensität von Folter erreichen wird oder lebensbedrohend ist.

fallen. Dies überschneidet sich mit dem Begriff des politischen, als *„alles was für den Staat für die Gestaltung bzw. Erhaltung der Ordnung des Gemeinwesens und des geordneten Zusammenlebens der menschlichen Individuen von Bedeutung ist."*[113]

Da gerade die „Regeln des geordneten Zusammenlebens" also zB das Eherecht und die Stellung der Frau in nicht-laizistischen Staaten regelmäßig auf religiöse Quellen gestützt werden, kann häufig nicht zwischen politischer oder religiöser Motivation einer Verfolgung unterschieden werden.

Oft werden auch religiöse Gruppierungen deswegen verfolgt, weil Angehörigen einer gewissen Glaubensrichtung (oder eben auch Atheisten) eine bestimmte politische Einstellung unterstellt wird.[114] Überschneidungen zum Verfolgungsgrund Rasse oder Nationalität sind dann häufig, wenn eine verfolgte Volksgruppe auch einer anderen Religion angehört. Ob diese Gruppe aus ethnischen oder religiösen Gründen verfolgt wird, kann dann nicht klar abgegrenzt werden.

Als frauenspezifischer Fluchtgrund kommt die Verfolgung auf Grund Übertretung frauenspezifischer religiöser Normen in Frage. Diese religiösen Normen können auch staatlich umgesetzt worden sein[115] (so zB wenn der Staat sich ganz oder teilweise auf religiöse Rechtsquellen stützt); oft sind sie scheinbar geschlechtsneutral formuliert, werden aber in diskriminierender Weise angewandt. Dadurch, dass die Rechtsquellen religiös legitimiert werden, ist es – zB für Frauenrechtsorganisationen – schwieriger, ihre Abschaffung zu fordern. Schließlich handelt es sich um von Gott gegebenes Recht, wird dieses als ungerecht bezeichnet, kann das als Blasphemie aufgefasst werden.[116]

---

[113] *Huber*, Der völkerrechtliche Schutz für Flüchtlinge in *Huber/Öllinger/Steiner-Pauls*, Handbuch Asylrecht (13–90), 23.

[114] Vgl UNHCR, Internationaler Flüchtlingsschutz: Auslegung von Artikel 1 des Abkommens von 1951 über die Rechtsstellung der Flüchtlinge, 04.2001, 21f, FN 52.

[115] So darf im islamischen Eherecht, das zB in Pakistan gültig ist, zwar ein Moslem eine Nicht-Moslemin heiraten (sofern sie Christin oder Jüdin ist) bei einer Moslemin ist die Ehe zu einem Nicht-Moslem aber ungültig. Sachverständigen-Gutachten UBAS 13.05.2002, 208.698/10-II/04/02.

[116] So wurde in Afghanistan der Herausgeber der Zeitschrift „Haqoq-e-Zan" (übersetzt: Frauenrechte), nachdem er in einigen Artikeln die Sharia-Strafen wie Steinigung oder Züchtigung von Frauen kritisiert hatte, wegen „Blasphemie" zu 2 Jahren Haft verurteilt siehe Al Jazeera, (http://english.aljazeera.net/English/archive/archive?ArchiveId=22289).

Auch wenn der Staat diese frauenspezifischen Regeln nicht gesetzlich umgesetzt hat oder sie sogar ausdrücklich untersagt hat, muss auch die Rechtspraxis beachtet werden.

Als ein Beispiel kommt Afghanistan (Situation 2004, also nach dem Sturz der Taliban) in Betracht: Obwohl das gesetzliche Heiratsalter für Frauen 16 Jahre ist, berichtet amnesty international[117] über den Fall einer 8-jährigen, die an einen 48-jährigen verheiratet wurde. Nachdem die Großmutter des Mädchens die Hochzeit wegen der Minderjährigkeit der „Braut" angefochten hatte, weigerte sich der entscheidende Richter, in einer „familieninternen Angelegenheit" zu intervenieren.

3.2.3. Nationalität und Volksgruppenzugehörigkeit

Da die beiden Fluchtgründe Rasse[118] und Nationalität sich meist überschneiden und sich die frauenspezifischen Aspekte in beiden Gruppen ähnlich darstellen, werden beide Gründe unter dem Überbegriff „Volksgruppe" gemeinsam besprochen.

Wie sich aus der Definition der Statusrichtlinie (Art 10 Abs 1 lit a, c) ergibt, ist Rasse und Nationalität sehr weit auszulegen, sodass jede Form von rassischer Diskriminierung, sofern sie die erforderliche Intensität erreicht, als Verfolgung umfasst.

Üblicherweise werden in einer Volksgruppe sowohl männliche wie weibliche Mitglieder verfolgt, allerdings zumeist mit anderen Mitteln. Während Männer, die „feindlichen Kämpfer", als Gefahr eingeschätzt werden und deshalb verfolgt werden, werden Frauen tendenziell als weniger gefährlich gesehen. Allerdings kommt es gerade bei der Verfolgung von Volksgruppen häufig zu Sippenhaftung, also werden auch Frauen, die nicht als gefährlich gesehen werden, verfolgt. Weiters werden oft auch Frauen, die einen Partner der „feindlichen" Ethnie heiraten verfolgt, sie werden als Verräterinnen an der eigenen Volksgruppe gesehen.[119]

---

[117] Unter http://www.amnesty.at/vaw/cont/laender/afghanistan/index.htm.
[118] Der Terminus „Rasse" wird der GFK als Rechtsbegriff entnommen und wird aus diesem Grund hier verwendet. Er soll keineswegs die Zustimmung zu diversen „Rassentheorien", in denen die Menschheit in über- und untergeordnete Rassen eingeteilt wird, ausdrücken.
[119] Vgl UBAS 21.10.2005, 258.651/0-XIV/08/05.

Auch wenn bei der Verfolgung auf Grund der Volksgruppenzugehörigkeit die Motivation geschlechtsneutral ist, so kommt es doch häufig zu frauenspezifischen Verfolgungshandlungen. So ist sexuelle Gewalt[120] (systematische Vergewaltigungen, Entführungen mit sexueller Versklavung) gerade in bewaffneten Konflikten zwischen verschiedenen Volksgruppen eine verbreitete Strategie, um eine Ethnie zu terrorisieren und zu vertreiben.

Doch auch in Friedenszeiten kann die Diskriminierung und Verfolgung einer Volksgruppe zu frauenspezifischen Menschenrechtsverletzungen führen, zB durch unfreiwillige Sterilisierungen.[121]

3.2.4. Die soziale Gruppe

Wie der UNHCR richtig ausführt, ist dieser Fluchtgrund wohl der unklarste[122], dafür ermöglicht er es, auf aktuelle Entwicklungen[123] im Flüchtlingsrecht zu reagieren. Mangels eigener Erwähnung des Geschlechts als Fluchtgrund werden frauenspezifische Verfolgungshandlungen regelmäßig unter der sozialen Gruppe subsumiert.

In Österreich ergab[124] sich besonders aus den Materialien zum Asylgesetz 1991[125] zu § 1 AsylG 1991, dass frauenspezifische Verfolgung im Asylverfahren als Verfolgung auf Grund der sozialen Gruppe subsumiert werden kann.

Im Zuge des Begutachtungsverfahrens zum AsylG 1991 wurde anlässlich der Entschließungen des Europäischen Parlaments vom 13. April 1984[126]

---

[120] Als aktuelles Bsp kommt es im Konflikt in Darfur/Sudan zu weitverbreiteten und systematischen Vergewaltigungen der afrikanischen Bevölkerung durch die arabischen Reitermilizen. UN - High Commissioner for Human Rights, Access to Justice for Victims of Sexual Violence, 29.06.2005, 9ff.

[121] So zB Berichte von Roma-Frauen, die in der Slowakei ohne ihr Einverständnis sterilisiert wurden; Amnesty International Jahresbericht 2006 – Slowakei. (http://www2.amnesty.de/internet/deall.nsf/51a43250d61caccfc1256aa1003d7d38/de6cfa00f934d141c12571ab00337c92?OpenDocument).

[122] UNHCR, Internationaler Flüchtlingsschutz: Auslegung von Artikel 1 des Abkommens von 1951 über die Rechtsstellung der Flüchtlinge 04.2001, 8, RZ 27.

[123] Bzw auf erst jetzt ins Bewusstsein getretene Probleme, wie eben die geschlechtsspezifische Verfolgung.

[124] Die Situation seit dem neuen AsylG 2005, das sich im Wesentlichen auf die Statusrichtlinie stützt, ist unklar.

[125] RV 270 BlgNr 18. GP; AB 328 BlgNR 18. GP.

[126] ABl 1984 C 127/137.

und vom 12. März 1987[127] überlegt, den Flüchtlingsbegriff im AsylG um die Fluchtgründe „Geschlecht" und „sexuelle Orientierung" zu erweitern. Allerdings wurde nach Beratungen mit dem UNHCR darauf verzichtet, da es weder notwendig noch zweckmäßig sei, von der Definition der GFK abzuweichen, weil diese Gruppen ohnehin bereits unter dem Fluchtgrund der sozialen Gruppe geschützt seien.

Allerdings weist der UNHCR[128] auch darauf hin, dass bei Frauen oft die „soziale Gruppe" so dominant im Vordergrund steht, dass andere Fluchtgründe nicht in Betracht gezogen werden.[129] Das ist zwar rechtlich unschädlich, allerdings wäre es aus methodischer Sicht wünschenswert, wenn auch bei frauenspezifischen Fluchtgründen von den entscheidenden Behörden überdacht würde, ob diese Verfolgung nur an das Geschlecht anknüpft, oder ob nicht doch eine politische oder religiös-motivierte Verfolgung vorliegt.

Gerade bei Widerstand gegen repressive frauenspezifische Vorschriften sollte mE der zivile Ungehorsam gegen diskriminierende Gesetze als politische Verfolgung anerkannt werden. Positiv hervorzuheben ist hier der Bescheid des UBAS 222.885/0-VI/42/01 vom 10. Januar 2005, in dem einer Iranerin, die wegen ihrer Kleidung und ihres Make-ups bereits zweimal belangt (von der Polizei und von staatlich gebilligten radikal-islamischen Milizen) und einmal schwer verletzt wurde, Asyl aufgrund ihrer politischen Gesinnung zuerkannt wurde.

In der Statusrichtlinie enthält Art 10 Abs 1 lit d die Definition der sozialen Gruppe. Dabei ist insbesondere der letzte Satz, nämlich „*geschlechterbezogene Aspekte können berücksichtigt werden, rechtfertigen aber für sich allein genommen noch nicht die Annahme, dass dieser Artikel anwendbar ist.*" unklar.

Leider wurde – obwohl seit dem Fremdenrechtspaket 2005 im AsylG auf diese Definition verwiesen wird – noch nicht von der Judikatur geklärt, wie dieser letzte Satz zu verstehen ist. Es ist bei Interpretation dieser Bestimmung auch denkbar, dass Frauen nicht mehr als soziale Gruppe erfasst sind.

Bislang hat sowohl VwGH[130] als auch der UBAS[131] Frauen sehr wohl als „soziale Gruppe" gewertet, und auch der UNHCR empfiehlt, Frauen, die

---

[127] EuGRZ 1987, 1986.
[128] UNHCR, Richtlinien zum internationalen Schutz: Geschlechtsspezifische Verfolgung im Zusammenhang mit Artikel 1 A Abs 2 des Abkommens von 1951 bzw. des Protokolls von 1967 über die Rechtsstellung der Flüchtlinge, 07.05.2002, 9.
[129] Vgl auch ai-Stellungnahme, 13.
[130] VwGH 16.04.2002, 99/20/0483.
[131] UBAS 21.09.2004, 242.540/0-XI/34/03.

individuelle Befürchtungen vorbringen, auf Grund ihres Geschlechts verfolgt zu werden, als „soziale Gruppe" anzuerkennen.[132]

Noch unklarer wird die Definition der Statusrichtlinie, wenn die Begründungserwägungen mit einbezogen werden. Dort heißt es:

„(26) Gefahren, denen die Bevölkerung oder eine Bevölkerungsgruppe eines Landes allgemein ausgesetzt sind, stellen für sich genommen normalerweise keine individuelle Bedrohung dar, die als ernsthafter Schaden zu beurteilen wäre."

Wenn nun geschlechtsspezifische „Aspekte" alleine nicht ausreichen, um den Flüchtlingsstatus zu begründen, und zudem eine „außergewöhnliche" Gefährdung gegeben sein muss, ist es noch fraglicher, ob Frauen als soziale Gruppe umfasst werden. Schließlich sind Frauen wohl die „allgemeine Bevölkerung"[133], somit wären sie, wenn „alle Frauen" in einem Land diskriminiert werden – selbst wenn diese Diskriminierung die Intensität von Verfolgung erreichen würde[134] – nicht vom Flüchtlingsschutz der Statusrichtlinie umfasst.

Ob diese Einschränkung, die nicht in der GFK enthalten ist, den Verpflichtungen durch die GFK widerspricht, und deshalb durch Art 3 Statusrichtlinie bzw § 74 AsylG 2005 unanwendbar wird, bleibt abzuwarten. Auf jeden Fall muss Art 10 lit d Statusrichtlinie (auch iVm der zitierten Begründungserwägung) GFK-konform ausgelegt werden[135]. Hier kommt in Frage, diese Bestimmung und die Begründungserwägung so zu verstehen, dass eben keine „allgemeine" Gefährdungslage vorgebracht werden kann, sondern die Asylwerberin eine konkrete, sie persönlich betreffende Gefährdung glaubhaft machen muss.

Auch in Österreich wird in erstinstanzlichen Bescheiden die Ansicht vertreten, dass frauenverachtende Gesetze und Maßnahmen, solange sie alle Frauen eines Landes betreffen, nicht asylrelevant sein können. Es steht zu befürchten, dass diese unklare und einschränkende Bestimmung diese –

---

[132] In UNHCR, Richtlinien zum internationalen Schutz: Geschlechtsspezifische Verfolgung im Zusammenhang mit Artikel 1 A Abs 2 des Abkommens von 1951 bzw. des Protokolls von 1967 über die Rechtsstellung der Flüchtlinge, 07.05.2002, 9.

[133] Es sei denn, die Statusrichtlinie geht von dem Mann als Norm aus, was aus feministischer Sicht sehr bedenklich wäre.

[134] Vgl Punkt 3.3.1.

[135] Wie auch der UNHCR in seinem Kommentar zur Statusrichtlinie, 6f iVm 21f betont.

nach der Rspr des UBAS und des VwGH verfehlte – Ansicht weiter stützen wird, und so frauenspezifisch verfolgten Frauen in Zukunft weniger Schutz zuteil wird.

Als Beispiel hatte im schon zitierten Fall der afghanischen Polizistin[136] die Asylwerberin neben den schon beschriebenen Fluchtgründen auch die frauenfeindlichen Bestimmungen des Taliban-Regimes als Gefahr für sich selbst und ihre minderjährigen Töchter, die sie als alleinerziehende Witwe versorgen muss, vorgebracht. Dazu führte das Bundesasylamt aus:

„Zu dem von Ihnen vorgebrachten Umstand, der Sie zum Verlassen Ihres Heimatlandes bewogen haben soll, daß von den Taliban ein Gesetz erlassen worden sei, daß Mädchen ab dem 10. Geburtstag heiraten müßten, führt die erkennende Behörde aus, daß dieses Gesetz alle in Afghanistan lebenden Mädchen im gleichen Maße trifft und nicht von der politischen Gesinnung oder einem sonstigen in der Genfer Flüchtlingskonvention genannten Grund abhängig ist. Ebenso ist zum Arbeitsverbot für Frauen auszuführen, daß auch dies unabhängig von irgendeinem in der Genfer Flüchtlingskonvention genannten Grund alle Frauen in Afghanistan gleich trifft, weshalb auch aus diesen beiden oben genannten Gründen keine konkret gegen Sie gerichtete Verfolgung im Sinne der Genfer Flüchtlingskonvention ersichtlich ist."

Offensichtlich sind derart repressive und existenzbedrohende Maßnahmen, sofern sie sich gegen das gesamte weibliche Geschlecht richten, nicht asylrelevant, nicht einmal wenn sie sich wie im konkreten Fall auch gegen besonders schutzbedürftige Mädchen richten.

In Hinblick auf derartige Urteile und die Unklarheit, die durch die Statusrichtlinie entstanden ist, wirkt die Aussage des UNHCR über den Fluchtgrund Geschlecht „*...besteht auch keine Notwendigkeit die Definition der Genfer Flüchtlingskonvention durch einen weiteren Grund zu ergänzen*"[137] aus heutiger Sicht verfehlt. Eine Klarstellung, dass die Verfolgung auf Grund des Geschlechts asylrelevant ist, wäre äußerst wünschenswert, da offenbar Unklarheit herrscht, ob nun Frauen als die Hälfte der Bevölkerung noch

---

[136] UBAS 10.01.2000, 201.132/25-II/04/99, siehe Punkt 3.1.1.
[137] In UNHCR, Richtlinien zum internationalen Schutz: Geschlechtsspezifische Verfolgung im Zusammenhang mit Artikel 1 A Abs 2 des Abkommens von 1951 bzw. des Protokolls von 1967 über die Rechtsstellung der Flüchtlinge, 07.05.2002, 3f.

als soziale Gruppe gelten. So könnten auch erstinstanzliche Entscheidungen wie die oben zitierte vielleicht in Zukunft vermieden werden und so schutzbedürftigen Flüchtlingsfrauen schneller zu ihrem sicheren Asylstatus verholfen werden.

Hinsichtlich der AsylG-Novelle 2005 findet sich auch ein Hinweis in den Materialien zum Fremdenrechtspaket, der allerdings keine Aussage getroffen darüber trifft, ob Frauen in Zukunft als soziale Gruppe zu werten sind. Leider wird nur ein einziger frauenspezifischer Fluchtgrund[138], nämlich FGM, und zwar als Verfolgungshandlung, nicht als Verfolgungsgrund erwähnt:

„Die Beschneidung[139] von Frauen bedarf keiner expliziten Erwähnung, da diese – als gegen eine bestimmte soziale Gruppe gerichtet – in Art 9 Abs 2 lit. a und lit. f Statusrichtlinie erfasst ist."[140]

Aus dieser äußerst unklaren Formulierung kann gefolgert werden, dass Frauen doch als soziale Gruppe anzusehen sind, schließlich knüpft gerade FGM rein an das weibliche Geschlecht an, ohne dass weitere Aspekte hinzutreten. Eine Frau wird genital verstümmelt, weil sie eben eine Frau ist, in manchen Ländern (Djibouti, Somalia) sind Schätzungen zufolge 98 % der Frauen und Mädchen betroffen[141], also ist bis auf wenige Ausnahmen die gesamte weibliche Bevölkerung genital verstümmelt.

Wie amnesty international treffend kritisiert[142], besteht (wie sich auch in Punkt 3.3.1. zeigt) gerade in der ersten Instanz wenig Klarheit über die Anerkennung von FGM als Verfolgung auf Grund der sozialen Gruppe, weswegen eine Klarstellung im Gesetz; zumindest aber in den Materialien wünschenswert gewesen wäre.

---

[138] Treffend in der ai-Stellungnahme, 13 kritisiert.
[139] Von Frauenrechtsorganisationen (zB Terre des Femmes (Hg), Schnitt in die Seele, 2003, 314, zitiert in: http://www.wadinet.de/projekte/frauen/fgm/studie.htm) wird der Terminus „Beschneidung", da er – auch weil er an die männliche Beschneidung erinnert – den umfassenden Konsequenzen von FGM nicht gerecht wird, kritisiert. Tatsächlich erscheint der Begriff „Verstümmelung" geeigneter, die Verletzungsfolgen zu beschreiben, allerdings wird dieser Begriff teilweise von Opfern als verletzend empfunden.
[140] Materialien Fremdenpaket 2005, RV 952 AB 1055, 116, Besonderer Teil, Zu Art 2 AsylG 2005, § 2 Abs 11, 30.
[141] UNICEF, Menschenrechtsverletzungen an Frauen und Mädchen - Apartheid der Geschlechter, 2002, 8.
[142] ai-Stellungnahme, 13.

Auch insgesamt scheinen gerade in den EAST die Kenntnisse über die soziale Gruppe äußerst mangelhaft. Als Beispiel zitiert der Wahrnehmungsbericht Forum Asyl[143], den Fall einer Aserbaidschanerin, die vor einer Zwangsheirat geflohen war. Die zuständige Rechtsberaterin legte VwGH- und UBAS-Judikatur zur Thematik vor, woraufhin der Referent protokollierte

„Anmerkung Referent aufgrund Belehrung des Flüchtlingsberaters: Es gibt bereits für diverse Länder Judikatur zu Zwangsehen. Die Asylrelevanz bezieht sich hier auf soziale Gruppen. Als Soziale Gruppen sind diskriminierte und Zwängen unterliegende Frauen bezeichnet. Da bei Traditionen in den Menschenrechten, der freien Meinungs- und Willensäußerung entgegenstehen kein behördlicher Schutz gegeben wird gelten Problematiken in diesem Bereich als Asylgrund."

Anscheinend war ihm diese Judikatur nicht bekannt.

Bezüglich frauenspezifischer Fluchtgründe wurde vom UNHCR beklagt,

„dass einige Staaten Frauen oder anderen Personen, die geschlechtsspezifische Verfolgung befürchten oder erleiden, routinemäßig komplementären Schutz gewähren, ohne in angemessener Weise zu prüfen, ob die betreffende Person nicht als Flüchtling im Sinne der Genfer Flüchtlingskonvention anerkannt werden sollte."[144]

Also werden offenbar gerade frauenspezifisch Verfolgte oft nicht als Flüchtlinge iSd GFK gesehen, sondern es wird zwar anerkannt, dass einer Asylwerberin Menschenrechtsverletzungen in ihrer Heimat drohen, und deshalb der subsidiäre Schutz zugesprochen, nicht jedoch der rechtlich günstigere Asylstatus zuerkannt. Gerade in der ersten Instanz ist diese Problematik auch in Österreich zu erkennen.[145]

In Österreich dürften Ursachen dafür sein, dass frauenspezifische Fluchtgründe häufig unter die „soziale Gruppe" der GFK zu subsumieren sind,

---

[143] Wahrnehmungsbericht Forum Asyl, Evaluierung der Erstaufnahmestellen Asylgesetznovelle 2003 – Bescheidanalyse, 10.12.2004, 22.

[144] UNHCR, Internationaler Flüchtlingsschutz: Auslegung von Artikel 1 des Abkommens von 1951 über die Rechtsstellung der Flüchtlinge 04.2001, 9, RZ 32.

[145] Vgl am Bsp FGM: BAA 07.02.2002, 01 14.578-BAT, auf diesen Bescheid wird unter Punkt 3.3.1. eingegangen.

dieser Fluchtgrund wurde vom UNHCR selbst als „der Grund, der am wenigsten klar ist"[146] definiert. Da gerade in der ersten Instanz die Entscheidungsträger schlecht ausgebildet sind,[147] steht zu befürchten, dass gerade dieser unklare Fluchtgrund häufig nicht richtig erkannt wird und so Frauen der asylrechtliche Status verwehrt wird. Hier wäre es nötig, da der Fluchtgrund Geschlecht (sex oder gender) in der „genderblinden" GFK eben nicht erwähnt wird, die Entscheidungsträger entsprechend zu schulen und dahingehend zu sensibilisieren, dass auch geschlechtsspezifische Verfolgung als asylrelevant erkannt wird.

3.3. Der Begriff der Verfolgung aus frauenspezifischer Sicht

3.3.1. Das Kriterium der Menschenwürde aus frauenspezifischer Sicht

In der GFK ist keine Definition des Begriffes „Verfolgung" enthalten, es gibt, wie der UNHCR feststellt[148], trotz Bemühungen keine gültige Definition. Lediglich im Refoulementverbot des Art 33 werden die Bedrohung des Lebens oder der Freiheit als Gründe für ein Non-Refoulement genannt, allerdings wurde vom UNHCR[149] wie auch von der österreichischen Rspr[150] auch ein unzulässiger Eingriff in andere Rechtsgüter (wie zB die körperliche Unversehrtheit) als Verfolgung klassifiziert. Da die Präambel der GFK ausdrücklich auf die UN-Charta und die Allgemeine Erklärung der Menschenrechte (vom 10. Dezember 1948) verweist, ist wohl der darin gewählte Begriff der Menschenwürde zur Beurteilung der relevanten Rechtsgüter heranzuziehen. Sobald ein Eingriff so schwerwiegend ist, dass

---

[146] UNHCR, Internationaler Flüchtlingsschutz: Auslegung von Artikel 1 des Abkommens von 1951 über die Rechtsstellung der Flüchtlinge 04.2001, 8, RZ 27.

[147] *„Von den in der Erstaufnahmestelle Ost tätigen ReferentInnen ist lediglich ein Beamter Jurist. Die MitarbeiterInnen kommen mit einer Ausnahme aus dem polizeilichen Bereich ohne asylrechtliche, flüchtlingsrechtliche oder fundierte verwaltungsverfahrensrechtliche Vorkenntnisse."* zitiert aus: Wahrnehmungsbericht Forum Asyl, Evaluierung der Erstaufnahmestellen Asylgesetznovelle 2003, 10.12.2004, 17 (http://www.asyl.at/fakten_1/asyl_2004_06.htm).

[148] UNHCR-Handbuch, 51.

[149] UNHCR-Handbuch, 51.

[150] Für viele: UBAS 01.06.2005, 220.917/2-XIV/16/02.

die Menschenwürde beeinträchtigt wird, liegt, sofern der Eingriff wegen eines der Fluchtgründe laut GFK vorgenommen wurde, asylrelevante Verfolgung vor.

In der UN-Charta und der Allgemeinen Erklärung der Menschenrechte[151] gibt es keine Unterscheidung zwischen den Geschlechtern, Frauen und Männer haben die gleichen angeborenen Menschenrechte. Wird eine Frau in ihrer Menschenwürde verletzt, so ist das Verfolgung.

Gerade bei extrem restriktiven patriachalen Gesellschaften muss der Begriff der Menschenwürde genau beachtet werden. Wie weit kann die Selbstbestimmung und Freiheit eingeschränkt werden, ohne dass die Menschenwürde verletzt wird?

Es herrscht Einigkeit, dass Sklaverei[152] ein gravierender Verstoß gegen die menschliche Würde ist, weil ein Mensch zu einem Objekt degradiert wird; jemand anderer darf über ihn „verfügen", er besitzt keine Freiheit mehr.

Dennoch werden Frauen von ihren Familien einem Ehemann „versprochen", oft genug aus wirtschaftlichen Gründen[153]. Da in vielen Ländern[154] keine Gesetze bestehen, um häusliche Gewalt zu unterbinden, kann der durch die patriachalen Strukturen privilegierte Ehemann also „seine" Frau misshandeln. Grundsätzlich werden Frauen oft als „Besitz" des Ehemannes gesehen[155], die keine eigenständige Rechtspersönlichkeit besitzen, oft sind sie alleine nicht vor Gericht handlungsfähig[156].

---

[151] Vgl Art 2 Allgemeine Erklärung der Menschenrechte.

[152] Vgl Art 4 Allgemeine Erklärung der Menschenrechte.

[153] So berichtet amnesty international, Dossier Afghanistan: Niemand hört uns zu und niemand behandelt uns als Menschen, 2003, 5, (http://www.amnesty.at/vaw/cont/laender/afghanistan/Afghanistan_dossier.pdf) von der verbreiteten Praxis, Mädchen und Frauen zur Streitbeilegung zu verheiraten. So werden bereits 8-jährige Mädchen nach der Entscheidung der informellen Dorfgerichtsbarkeit zwangsverheiratet.

[154] Laut amnesty international haben 79 Staaten keine Gesetze um häusliche Gewalt zu unterbinden (http://www.amnesty.at/vaw/cont/kampagne/zahlenfakten.htm), laut UNICEF Österreich, Menschenrechtsverletzungen an Mädchen und Frauen - Apartheid der Geschlechter, 2002, 5 ist Vergewaltigung in der Ehe nur in 25 Ländern strafbar.

[155] Vgl amnesty international, ai-info Nr 01/03, 6 über die von einem Stammesgericht angeordnete Vergewaltigung: *„Ursache für diese brutale Vorgangsweise ist, dass eine Frau nach pakistanischem Stammesrecht nicht als selbständige Rechtsperson gilt, sondern als Besitz, über den die Männer nach Gutdünken verfügen können."*.

[156] Vgl amnesty international, Afghanistan: Niemand hört uns zu und niemand behandelt uns als Menschen, 2003, 4 (http://www.amnesty.at/vaw/cont/laender/afghanistan/Afghanistan_dossier.pdf).

Gerade bei solchen und ähnlichen Menschenrechtsverletzungen an Frauen werden zB von muslimischen Ländern Tradition oder religiöse Gebote zur Rechtfertigung vorgebracht, oft mit dem Vorwurf gekoppelt, dass der Westen seine Werte, die sich in den Menschenrechten niederschlagen, anderen Kulturkreisen aufzwingen möchte.[157] Auch werden andere Konzepte des sozialen Geschlechts, der Familie oder der Gesellschaft ins Treffen geführt.

Ohne näher auf diesen Diskurs einzugehen, könnte man annehmen, dass, nachdem das Asylrecht ja ohnehin nur Flüchtlingen außerhalb des Herkunftslandes zugute kommen kann, diese kulturellen Unterschiede unbeachtlich seien, da eine österreichische Asylbehörde ja zweifellos an die – im Verfassungsrang stehende – EMRK gebunden ist und so die westlichen Werte zu schützen hat. Zudem zeigt sich ja schon durch die Flucht und das Vorbringen der frauenspezifischen Verfolgungen, dass die Asylwerberin diese kulturell verankerten Einschränkungen ihrer Menschenrechte nicht hinnehmen möchte und es damit wohl keine Veranlassung gibt, die Argumente der Verfolger zu beachten. Also gibt es an sich keinerlei Grund, die Universalität der Menschenrechte im nationalen Asylrecht in Frage zu stellen.

Leider findet sich trotzdem auch in Entscheidungen der Asylbehörden regelmäßig eine relativierende Sichtweise der Menschenrechte, bei der frauenspezifische Verfolgung durch Tradition gerechtfertigt wird. So erkennt das Bundesasylamt in seinem Bescheid 01 14.578-BAT vom 07. Februar 2002 bezüglich einer von FGM bedrohten Äthiopierin:

„Traditionelle Sitten und Rituale sind jedoch nicht als Verfolgung im Sinne der GFK anzusehen, denn ist Verfolgung die Konsequenz aus einem gesetzten oder unterlassenen Handeln."

Diese Einschätzung ist besonders befremdlich, schließlich haben auch politische, ethnische und religiöse Verfolgung sowie Menschenrechtsverletzungen wie Sklaverei durchaus „Tradition", und tagtäglich werden Menschen alleine wegen ihrer ethnischen Zugehörigkeit verfolgt, ohne dass dies eine Konsequenz ihres Handelns oder Unterlassens wäre.

---

[157] Zum Diskurs zB *Elmadmad*, Women's Rights under Islam in *Benedek/Kisaakye/Oberleitner* (Hg), The Human Rights of Women: International Instruments and African Experiences (243–268).

Von ähnlichen Fehlleistungen berichtet Asyl in Not[158] in seiner Jahresbilanz 2004 über erstinstanzliche Entscheidungen bei frauenspezifisch verfolgten Afghaninnen. So argumentierte das BAA Traiskirchen, das Asylrecht habe *„nicht die Aufgabe, die westliche Grundrechtsordnung in anderen Staaten durchzusetzen"*, es sei der Asylwerberin zuzumuten, die frauenspezifischen Vorschriften, die auf *„uralten Traditionen"* basieren, einzuhalten.

Hier wird von einer Frau verlangt, dass sie massive, frauendiskriminierende Einschränkungen zu dulden habe, eben weil sie traditionell verfestigt sind. Auch verkennt das BAA vollkommen die Funktion des Asylrechts. Der Flüchtlingsschutz basiert vollständig auf westlichen Grundrechtsideen; würde die Grundrechtsordnung des Verfolgerstaates in der Entscheidung berücksichtigt, würden eklatante Schutzlücken auftreten.

In den zitierten Fällen wird die Verfolgung und die drohende Menschenrechtsverletzung der Asylwerberinnen nicht vom westlichen Standard der Menschenwürde betrachtet, sondern durch die patriachale Gesellschaft, die für die Verfolgung verantwortlich ist, gerechtfertigt.

3.3.2. Die Verfolgungshandlungen laut Statusrichtlinie – frauenspezifische Bedeutung

Die Statusrichtlinie enthält in Art 9 die Definition von Verfolgung. Allerdings bestehen Bedenken, ob eine GFK-konforme Definition gefunden wurde.[159] Der UNHCR betont, dass die *„Auslegung des Begriffs der Verfolgung flexibel, anpassungsfähig und offen genug sein, um die veränderlichen Ausprägungen von Verfolgung erfassen zu können."*[160]

Hinsichtlich frauenspezifischer Verfolgung ist besonders die nicht-taxativen Aufzählung des Art 9 Abs 2 Statusrichtlinie interessant, da sexuelle Gewalt als geschlechtsspezifische Verfolgungshandlung explizit erwähnt wird (Art 9 Abs 2 lit a), auch andere geschlechtsspezifische Handlungen sind wohl unter Art 9 Abs 2 lit f Statusrichtlinie erfasst.[161] Weiters wird klargestellt, dass auch diskriminierende Maßnahmen Verfolgung begründen können (lit b, c, d).

---

[158] http://www.asyl-in-not.org/php/detail.php?artnr=4964&ukatnr=12306&ukatname=2004.
[159] ZB ai-Stellungnahme, 12f.
[160] UNCHR, Kommentar zur Statusrichtlinie, 18.
[161] So zB FGM.

Gerade in diesem Bereich ist die Grenzlinie zwischen bloßer Diskriminierung und asylrelevanter Verfolgung fließend. Anders als teilweise von der ersten Instanz vertreten[162] kann auch Diskriminierung asylrelevant sein,[163] sofern ein Ausmaß erreicht wird, das den Verbleib im Heimatland aus objektiver Sicht unzumutbar macht.[164] So kann zB der komplette Wegfall der Existenzgrundlage – sofern einer der Fluchtgründe kausal dafür war – Verfolgung begründen,[165] also die Verfolgungshandlung darstellen.

In Bezug auf frauenspezifische Verfolgung heißt das, wegen des Fluchtgrundes (nämlich des Geschlechts) kann die Flüchtende sich nicht selbst versorgen. Als Bsp sind allein stehende Frauen in Afghanistan unter den Taliban zu nennen: durch das Verbot zu arbeiten oder sich ohne nahen männlichen Verwandten außer Hauses zu bewegen und wegen unzureichender Versorgung mit Hilfslieferungen wird es für das weiblichen Geschlecht unmöglich, eine wirtschaftliche Existenz aufzubauen.[166]

Weiters wird in der Statusrichtlinie festgelegt, dass auch Strafverfolgung asylrelevante Verfolgung darstellen kann. Hinsichtlich frauenspezifischer Fluchtgründe ist das besonders bei gesetzlichen Einschränkungen der (sexuellen) Selbstbestimmung interessant. Als Beispiel kann die Sharia-Gesetzgebung gelten, die „Unzucht"[167] als sogenannte „Zina-Delikte" bestraft.

Diese Strafbestimmung dient der Einhaltung der fundamentalistischen Moral und sanktioniert alle liberaleren Geisteshaltungen, daher ist ein politischer Hintergrund bei diesen Strafen anzunehmen. Zudem sind – obwohl die Straftatbestände geschlechtsneutral formuliert sind – Frauen durch die Verfahrensregeln und die Gerichtspraxis regelmäßig benachteiligt. So haben Zeugenaussagen von Frauen nur die halbe Beweiskraft, eine Vergewaltigung kann nur durch die Zeugenaussage von vier Männern oder einem Geständnis bewiesen werden. Da bei Frauen eine uneheliche Schwanger-

---

[162] ZB der schon zitierte UBAS 10.01.2000, 201.132/25-II/04/99 zu dem Fall der afghanischen Polizistin.
[163] Siehe auch UNHCR, Internationaler Flüchtlingsschutz: Auslegung von Artikel 1 des Abkommens von 1951 über die Rechtsstellung der Flüchtlinge, 04.2001, 5.
[164] ZB VwGH 19.05.2004, 94/19/0049.
[165] ZB UBAS 21.03.2003, 208.291/13-I/01/02.
[166] Siehe Sachverständigen-Gutachten UBAS 21.03.2003, 208.291/13-I/01/02.
[167] So wird zB in der im Norden Nigerias geltenden Sharia-Rspr als sexueller Verkehr mit einer Person, über die der Täter „keine sexuellen Rechte hat" definiert, als Beispiel kommt Ehebruch oder vorehelicher Geschlechtsverkehr in Frage. Aus: Österreichisches Rotes Kreuz/Accord Nigeria Länderbericht, 08.2005, 29 (http://www.ecoi.net/file_upload/hl56_ACCORD_Landerbericht_Nigeria_.pdf).

schaft als Beweis für ein Zina-Delikt genügt, werden Frauen durch diese diskriminierenden Gesetze in der Praxis überproportional oft bestraft.[168] So dienen diese Gesetze auch dazu, die selbstbestimmte Sexualität von Frauen zu unterbinden.

3.3.3. Die nicht-staatliche Verfolgung

Dem Flüchtlingsbegriff der GFK liegt die politische Verfolgung im weiten Sinne zugrunde – ein Begriff, der in manchen Mitgliedsstaaten[169] der GFK lange als die direkte Verfolgung seitens staatlicher Organe gedeutet wurde. Diese Auslegung von Verfolgung ist jedoch schon lange nicht mehr ausreichend, um den nötigen Schutz für Verfolgte zu begründen. So auch der UNHCR:

„Ziel und Zweck der Genfer Flüchtlingskonvention ist jedenfalls der Schutz der Flüchtlinge. An keiner Stelle des Artikels ist auch nur ansatzweise angedeutet, dass die Quelle der befürchteten Gefahr in irgendeiner Weise entscheidend sein könnte."[170]

Gerade für Flüchtlingsfrauen ist die Miteinbeziehung der nicht-staatlichen Verfolgung notwendig, da Frauen in der traditionellen Rollenaufteilung der häusliche Bereich, also das „private", „unpolitische" zugeschrieben wird. Deshalb wurde auch im internationalen Menschenrechtsschutz[171] lange Gewaltanwendung durch Familie oder Ehemann als Privatsache abgetan, in diesen familiären Bereich schien jede Einmischung unzulässig.

Auch wird die geschlechtsspezifische Rolleneinteilung oft durch sittliche, moralische Normen geformt und nicht durch rechtliche Vorschriften; Verstöße werden eher von gesellschaftlicher, nicht von staatlicher Seite bestraft. Wenn zudem der Heimatstaat nicht in der Lage (wie zB in Bürgerkriegssitu-

---

[168] Österreichisches Rotes Kreuz/Accord, Nigeria Länderbericht, 08.2005, 29f.
[169] Der UNHCR erwähnte beispielsweise Deutschland, Frankreich und die Schweiz. UNHCR, Auslegung von Art 1 des Abkommens von 1951 über die Rechtsstellung der Flüchtlinge, 04.2001, 21, FN 42.
[170] UNHCR, Auslegung von Art 1 des Abkommens von 1951 über die Rechtsstellung der Flüchtlinge, 04.2001, 6, RZ 18.
[171] Vgl *Ainetter Brautigam*, International Human Rights Law: The Relevance of Gender, in *Benedek/Kisaakye/Oberleitner* (Hg), The Human Rights of Women: International Instruments and African Experiences (3–30), 22f.

ationen) oder nicht willens ist, diese gesellschaftliche Verfolgung zu unterbinden, so ist dies asylrelevant.

Leider wird gerade in der ersten Instanz sehr häufig die nicht-staatliche Verfolgung ignoriert und pauschal darauf verwiesen, dass eine Schutzunwilligkeit oder -unfähigkeit nicht erkannt werden könne.[172] Auch wird nichtstaatliche Verfolgungshandlung (zB der sexuellen Gewalt) als „allgemeines Lebensrisiko" oder „Kriminalität" gesehen, ohne dass überprüft wird, ob die privaten Täter politisch motiviert sind und der Staat ausreichend Schutz gewähren kann.[173]

In der Statusrichtlinie wurde klar gestellt, dass Verfolgung auch von nichtstaatlichen Akteuren ausgehen kann (Art 6 Statusrichtlinie):

„Die Verfolgung bzw. der ernsthafte Schaden kann ausgehen von
a) dem Staat;
b) Parteien oder Organisationen, die den Staat oder einen wesentlichen Teil des Staatsgebiets beherrschen;
c) nichtstaatlichen Akteuren, sofern die unter den Buchstaben a) und b) genannten Akteure einschließlich internationaler Organisationen erwiesenermaßen nicht in der Lage oder nicht willens sind, Schutz vor Verfolgung bzw. Ernsthaftem Schaden im Sinne des Artikels 7 zu bieten."

Notwendige Bedingung, damit die nichtstaatlichen Verfolgung als asylrelevant anerkannt wird, ist, dass Staat bzw sonstige Organisationen die de facto die Staatsmacht ausüben, nicht willens oder nicht in der Lage sind, Schutz zu bieten. Durch die Statusrichtlinie wurden zusätzlich internationale Organisationen als Schutzgaranten angeführt. Allerdings wird bei diesem

---

[172] So beispielsweise VwGH 31.01.2002, 99/20/0497 im Falle einer von ihrer Familie verkauften und zur Prostitution gezwungenen Nigerianerin. Ihr Asylantrag wurde vom UBAS negativ entschieden, obwohl der Asylwerberin Glaubwürdigkeit bescheinigt wurde. Jedoch gäbe es keinen Hinweis „dass eine Bedrohung relevanter Rechtsgüter durch staatliche Stellen gebilligt würde". Der VwGH behob diesen zweitinstanzlichen Bescheid unter anderem deshalb, weil „das angenommene Erfordernis einer staatlichen „Billigung" nicht den Gesetz entspricht".

[173] In dem bereits zitierten Fall einer kongolesischen Flüchtlingsfrau, die aufgrund ihrer Mitarbeit in einer dem Präsidenten nahe stehenden Organisation verfolgt wurde (VwGH 08.04.2003, 2001/01/0100) wurde die „erlittenen Beeinträchtigungen" (also die Verhaftung und Vergewaltigung) lediglich „bürgerkriegsbedingte Übergriffe auf die Zivilbevölkerung", und daher als nicht asylrelevant angesehen.

Punkt vom UNHCR zutreffend kritisiert,[174] dass internationale Organisationen eben nicht die gleichen Befugnisse wie souveräne Staaten haben, sie können deshalb – auch wenn sie de facto ein Gebiet beherrschen – trotzdem regelmäßig nicht dieselbe effektive Rechtsdurchsetzung gewährleisten. Zudem ist ihr Einsatz üblicherweise zeitlich beschränkt, es muss mitbedacht werden, ob dem nicht-staatlich Verfolgten auch nach Abreise der internationalen Gruppen noch Schutz gewährt wird.

Gerade bei frauenspezifischer Verfolgung wird in vielen Fällen, wie zB bei häuslicher Gewalt, die internationale Organisation überfordert sein, Schutz zu bieten. Schließlich werden internationale Organisationen eher im internationalen oder innerstaatlichen Konfliktfall zur Deeskalation eingesetzt, ihr Aufgabenbereich erstreckt sich häufig nicht auf die zivile Gerichtsbarkeit. Auch bei traditionsbedingter Gewalt – wie FGM – werden die internationalen Truppen in den meisten Fällen keinen Schutz gewähren, da dies als Aktivität gegen die ansässige Bevölkerung gedeutet werden kann und so Feindseligkeiten entstehen können.

Unter den internationalen Organisationen wird wohl die UNO am häufigsten als Schutzgarant iSd Statusrichtlinie in Betracht kommen.

Selbst in der UNO, der größten und wohl anerkanntesten internationalen Organisation, kommt es laut Berichten regelmäßig zu sexuellen Ausbeutungen von Frauen und Mädchen in Krisensituationen.[175] Selbst diese Organisation ist anscheinend nicht in der Lage, sexuelle Ausbeutung und Gewalt durch ihre eigenen Mitarbeiter vollständig zu unterbinden. Ob frauenspezifisch Verfolgte in Anbetracht dieser Strukturen wirklich Schutz finden können, ist äußerst fraglich.

Zu hinterfragen bleibt auch das „erwiesenermaßen" im Text der Statusrichtlinie. Wie der UNHCR richtig bemerkt,[176] sollte es auch für den Bereich der nicht-staatlichen Verfolgung keine erhöhte Beweislast für den Flüchtling

---

[174] UNHCR, Kommentar zur Statusrichtlinie, 16.
[175] ZB amnesty international Journal, Demokratische Republik Kongo: Falsche Freunde – UNO-Soldaten werden sexueller Übergriffe im Kongo beschuldigt, 04.2005. (http://www2.amnesty.de/internet/deall.nsf/3c7abab8e052c42fc1256eeb004ce861/503b234edfd3bb72c1256fd30046d1c8?OpenDocument); amnesty international Journal, Kosovo: In schlechter Gesellschaft - Die Verwicklung eigener Mitarbeiter in den florierenden Frauenhandel im Kosovo bringt die UNO-Übergangsverwaltung UNMIK in Bedrängnis, 06.2004 (http://www2.amnesty.de/internet/deall.nsf/3c7abab8e052c42fc1256eeb004ce861/95e2e0a471317a92c1256ea1004b8f45?OpenDocument).
[176] UNHCR, Kommentar zur Statusrichtlinie, 16.

geben. Es bleibt zu hoffen, dass auch weiterhin die Glaubhaftmachung im Asylverfahren genügt, da es Flüchtlingen regelmäßig unmöglich ist, Beweise für den mangelnden Schutz in ihrem Heimatland vorzulegen.

3.3.4. Die Unmöglichkeit der innerstaatlichen Fluchtalternative/ des internen Schutzes

Die nicht-staatlichen Verfolgung (die als nicht asylrelevant gesehen wird) und die Annahme einer innerstaatlichen Fluchtalternative führen in der ersten Instanz häufig zu einer Ablehnung des Asylantrags.[177] Dadurch wird oft frauenspezifisch verfolgten Asylwerberinnen der Schutz verweigert, da nicht nur – wie unter dem vorhergehenden Punkt abgehandelt – bei der nicht-staatlichen Verfolgung, sondern auch hinsichtlich der innerstaatlichen Fluchtalternative Frauen durch den ihnen in patriachalen Gesellschaften zugeschriebenen Bereich benachteiligt sind.

Die innerstaatliche Fluchtalternative ist in der GFK nicht enthalten; insofern muss diese Einschränkung des Asylrechts um den völkerrechtlichen Verpflichtungen zu entsprechen mit Bedacht eingesetzt werden. Sie wird dann angenommen, wenn der Flüchtling nur an seinem Wohnort verfolgt wird, in einem anderen Teil seines Heimatstaates aber zumutbar und frei von Verfolgung leben könnte. Es ist aber zB unzulässig, von einer innerstaatlichen Fluchtalternative auszugehen, wenn der Staat die Verfolgung billigt oder duldet. Also muss der Flüchtling nicht den Schutz einer Rebellengruppe, die einen Teil des Staatsgebietes kontrolliert, in Anspruch nehmen, auch wenn er von dieser nicht verfolgt wird. Auch muss der Flüchtling sich in einem anderen Landesteil legal niederlassen und dort unter zumutbaren Bedingungen leben können.[178]

---

[177] So Forum Asyl, Wahrnehmungsbericht Evaluierung der Erstaufnahmestellen Asylgesetz-Novelle 2003, Bescheidanalyse, 10.12.2004, 15: *„...wurde in ... 27 % (der überprüften Bescheide) als Abweisungsgrund das Vorliegen einer innerstaatlichen Fluchtalternative herangezogen und/oder nichtstaatliche Verfolgung als nicht asylrelevant eingestuft. In 11 Bescheiden (20 %) wurde neben der Unglaubwürdigkeit als „Eventualbegründung" nichtstaatliche Verfolgung und/oder innerstaatliche Fluchtalternative als Abweisungsgrund herangezogen"*

[178] UNHCR, Auslegung von Art 1 des Abkommens von 1951 über die Rechtsstellung der Flüchtlinge, 04.2001, 4f, RZ 13.

In der Statusrichtlinie (Art 8) wird der interne Schutz[179] folgenderweise definiert:

„Artikel 8 Interner Schutz

(1) Bei der Prüfung des Antrags auf internationalen Schutz können die Mitgliedstaaten feststellen, dass ein Antragsteller keinen internationalen Schutz benötigt, sofern in einem Teil des Herkunftslandes keine begründete Furcht vor Verfolgung bzw. keine tatsächliche Gefahr, einen ernsthaften Schaden zu erleiden, besteht und von dem Antragsteller vernünftigerweise erwartet werden kann, dass er sich in diesem Landesteil aufhält.
(2) Bei Prüfung der Frage, ob ein Teil des Herkunftslandes die Voraussetzungen nach Absatz 1 erfüllt, berücksichtigen die Mitgliedstaaten die dortigen allgemeinen Gegebenheiten und die persönlichen Umstände des Antragstellers zum Zeitpunkt der Entscheidung über den Antrag.
(3) Absatz 1 kann auch dann angewandt werden, wenn praktische Hindernisse für eine Rückkehr in das Herkunftsland bestehen."

Hier ist besonders Art 8 Abs 3 Statusrichtlinie bedenklich, da unklar bleibt, was „praktische Hindernisse" zu bedeuten haben.[180]

Gerade Frauen hindern neben zahlreichen rechtlichen Problemen[181] und frauenspezifischen Gefahren auf einer Reise durch womöglich umkämpftes Gebiet auch praktische Probleme daran, in einem anderen Landesteil Schutz zu finden.

So ist es für Frauen oft gesellschaftlich unmöglich, ohne den Rückhalt ihrer Familie in einem anderen Landesteil eine neue Existenz aufzubauen,[182] da häufig die Familie und nicht der staatliche Polizei- und Justizapparat den Schutz der Frau garantiert. Auch muss bedacht werden, dass die Frau die Möglichkeit haben muss, eine legale und zumutbare Arbeit zur Existenzsicherung anzunehmen. Da Frauen am Arbeitsmarkt weltweit benachteiligt sind,[183] fällt ihnen dies schwerer.

---

[179] Als neue, EU-rechtliche Terminologie; in § 11 AsylG 2005 wird weiterhin der Terminus innerstaatliche Fluchtalternative gewählt.
[180] Detaillierte Kritik an Art 8 Statusrichtlinie: ai-Stellungnahme, 17f, UNHCR, Kommentar zur Statusrichtlinie, 17.
[181] Wie zB diskriminierende Gesetze, die die Reisefreiheit von Frauen beschränken.
[182] So vgl UBAS 07.09.2001, 215.604/7-X/28/01, UBAS, 21.03.2002, 220.268/0-XI/33/00.
[183] *Claude/Weston* (Hg), Human Rights in the World Community - Issues and Actions, 65.

Der UBAS hat jedenfalls festgestellt, dass die Arbeit als Prostituierte (sofern diese unfreiwillig ausgeübt wird bzw die einzige Alternative darstellt), auch falls diese im Herkunftsland nicht illegal sein sollte, keine zumutbare Arbeit darstellt, sondern gegen die Menschenwürde verstößt. Deswegen darf eine Asylwerberin, die glaubhaft macht, dass sie sich im Heimatland um zu überleben prostituieren müsste, nicht abgeschoben werden, weil die Abschiebung gegen Art 3 EMRK verstoßen würde.[184] Also wird ihr zumindest ein Refoulementschutz zuteil.

---

[184] UBAS 17.03.2005, 228.831/10-III/07/04.

4. Einige frauenspezifische Fluchtgründe und Verfolgungshandlungen und ihre Würdigung in der österreichischen Rechtsprechung

Wie bereits ausgeführt, sind in Österreich nur etwa ein Viertel der Asylsuchenden weiblich.

Leider ergibt sich aus der Statistik nicht, wie viele dieser Frauen sich auf eigene Fluchtgründe berufen, da es seit der AsylG-Novelle 2003 keinen Asylerstreckungsantrag[185] mehr gibt, also auch nicht verfolgte Ehegatten, ja sogar jeder weibliche Säugling (sogar wenn er erst in Österreich geboren wird) einen eigenen Asylantrag stellt (der allerdings im Familienverfahren[186] mit den Anträgen der Familienangehörigen gekoppelt wird) und so in die Statistik einfließt. Schätzungen aus Deutschland zufolge ist aber die Mehrheit der dortigen Asylwerberinnen mit ihren verfolgten männlichen Familienangehörigen geflohen.[187] Wenn man von diesen Schätzungen ausgeht, und weiters annimmt, dass die Lage in Österreich vergleichbar ist, so sind nur wenige der Asylwerberinnen auf Grund eigenständiger Fluchtgründe geflohen, obwohl frauenspezifische Menschenrechtsverletzungen weltweit sehr verbreitet sind.

Doch gerade weil diese Fluchtgründe relativ selten geltend gemacht werden und eben Frauen eben nicht dem Bild des „typischen" Flüchtlings entsprechen, ist es wichtig, insbesondere in der ersten Instanz ein Bewusstsein für die Besonderheiten der frauenspezifischen Fluchtgründe zu schaffen. Zudem kann diese Information Befürchtungen, durch die verstärkte Berücksichtigung frauenspezifischer Fluchtgründe würden die Aufnahmekapazitäten Österreichs überfordert, entkräften.

Wie die Behörden in Österreich auf solche Fluchtgründe reagieren, also ob den Frauen Asyl gewährt wird oder es zu Fehlentscheidungen kommt, soll im nächsten Kapitel dargestellt werden.

---

[185] Der nach dem AsylG 1997 bei Familienmitgliedern, die keine eigenen Fluchtgründe geltend machen, sondern in Begleitung ihres verfolgten Angehörigen flüchteten, vorgesehen war.
[186] § 10 AsylG 1997 idF der Novelle 2003 bzw § 34 AsylG 2005.
[187] *Gottstein*, Die rechtliche und soziale Situation von Flüchtlingsfrauen in der BRD vor dem Hintergrund frauenspezifischer Flucht- und Verfolgungssituationen, 37.

Da es weltweit in patriachalen Systemen verschiedene Mittel gibt, die Unterdrückung der Frau aufrecht zu erhalten, und es im Rahmen dieser Diplomarbeit nicht möglich ist, alle verschiedenen Verfolgungsformen zu behandeln, wird hier auf einige ausgewählte Fluchtgründe eingegangen, zu denen bereits einschlägige Judikatur besteht.

4.1. Bedrohung durch weibliche Genitalverstümmelung

Weltweit (allerdings überwiegend im arabischen und schwarzafrikanischem Raum) werden nach Schätzungen[188] mindestens 2 Millionen Frauen genital verstümmelt. Unter genitaler Verstümmelung versteht man nach der Definition der WHO[189]:

„Weibliche Genitalverstümmelung besteht aus allen Prozeduren, die die teilweise oder völlige Entfernung der externen weiblichen Genitalien oder andere Verletzungen der weiblichen Genitalien, sei es für kulturelle oder alle anderen nichttherapeutischen Gründe, involvieren".

Diese Praxis hat – sofern das Mädchen die Verstümmelung selbst, die zumeist unter unhygienischen Bedingungen vollzogen wird, überlebt – lebenslange Schmerzen zur Folge, Mutter- und Säuglingssterblichkeit während Schwangerschaft und Geburt sind in Ländern mit FGM signifikant erhöht.[190]

Durch die starke Tabuisierung wurde erst um 1980 die Öffentlichkeit auf diese jahrtausende alte Tradition aufmerksam; es ist aber unbestritten, dass diese Praxis menschenrechtswidrig[191] und diskriminierend ist.

---

[188] So zB WHO, Fact Sheet, 06.2000, 241 (http://www.who.int/mediacentre/factsheets/fs241/en/).

[189] Aus: *Simsa*, Essay zum Thema „Genitale Verstümmelung an Frauen", 01.04.2004 (http://www.stopfgm.net/dox/Essay%20FGM_Iris%20Simsa.pdf).

[190] Renner-Institut, Weibliche Genitalverstümmelung - Geschichte Ausmaß Formen und Folgen, 13, (http://www.stopfgm.net/dox/RI_Formen%20und%20Folgen%20der%20weiblichen%20Genitalverst%FCmmelung.pdf).

[191] So wird FGM als unmenschliche Behandlung (Art 7 UN-Pakt II), als Eingriff in das Privat- und Familienleben (Art 17 UN-Pakt II), als Verletzung des Rechts auf Gesundheit (Art 12 UN-Pakt I) und auf Gleichbehandlung zwischen Mann und Frau (Art 3 UN-Pakt II, Art 3, 5 CEDAW) gesehen. Auch die UN-Kinderrechtskonvention ist beachtlich, da FGM hauptsächlich bei Mädchen durchgeführt wird, zudem sind auch die Neugeborenen der verstümmelten Frau in ihrem Recht auf Gesundheit bedroht. Natür-

Nur wenige Frauen haben die Möglichkeit, vor FGM zu fliehen, einerseits weil diese Praxis hauptsächlich in weit entfernten Ländern verbreitet ist und dadurch die Flucht noch aufwendiger wird, andererseits weil die Verstümmelung oft bereits im Säuglings- oder Kindesalter vollzogen wird. Nur Frauen, denen erst im höheren Alter Genitalverstümmelung droht oder aber Müttern, die mit ihren minderjährigen Töchtern fliehen (bzw während des Asylverfahrens Töchter gebären) und in ihrer Heimat durch den gesellschaftlichen und familiären Druck keine Möglichkeit hätten, ihre Töchter zu schützen, können hier diesen Fluchtgrund geltend machen.

Sowohl bei der Gefährdung einer erwachsenen Frau[192] als auch bei dem Asylantrag eines Kleinkindes[193] (welches im Verfahren durch die Mutter vertreten wurde) hat der UBAS weibliche Genitalverstümmelung als asylrelevant anerkannt. In der AsylG-Novelle 2005 ist auch in den Materialien – in etwas unglücklicher Weise – erwähnt worden, dass FGM asylrelevant ist.

Diese Entscheidungen folgen der „Entschließung B5-0686/2000/REV des Europäischen Parlaments zu der Genitalverstümmelung bei Frauen" Punkt 3, in der das Parlament den Rat, die Kommission und die Mitgliedstaaten ersucht, Frauen, die in ihrer Heimat von FGM bedroht sind, den Asylstatus oder zumindest den subsidiären Schutz zuzuerkennen.

In beiden zitierten Fällen wurde richtig erkannt, dass FGM zwar eine nicht-staatliche Verfolgung darstellt, die jedoch trotz einiger Bemühungen vom Staat toleriert wird. So hat keines der beiden Länder einen eigenen Straftatbestand geschaffen, auch waren keine Anzeigen oder Verurteilungen unter dem Straftatbestand der Körperverletzung bekannt. Gerade in Äthiopien sind ca 90 % der Frauen genital verstümmelt, deshalb ist davon auszugehen, dass der Staat nicht in der Lage oder nicht willens ist, Schutz zu gewähren.

Ebenso wurde in beiden Fällen betont, dass FGM ein *„Ausdruck vielfältiger Benachteiligung und Unterdrückung des weiblichen Geschlechts"* sei und so die Asylrelevanz bestätigt. Dies ist konform zur Statusrichtlinie, die in Art 9 Abs 2 lit f *„Handlungen, die an die Geschlechtszugehörigkeit anknüpfen"* als asylrelevante Verfolgung anerkennt, sofern sie aufgrund eines der in Art 10 Statusrichtlinie genannten Verfolgungsgründe ausgeübt wird.

---

lich wären auch diverse EMRK-Rechte verletzt; die EMRK kommt aber nur in Europa, nicht in den Ländern, in denen hauptsächlich FGM praktiziert wird, zur Anwendung.
[192] UBAS 21.03.2001, 220.268/0-XI/33/00 in Bezug auf Kamerun.
[193] UBAS 05.06.2002, 227.372/0-V/14/02 in Bezug auf Äthiopien.

In den zitierten Bescheiden wurde der Asylstatus aufgrund der Zugehörigkeit zur sozialen Gruppe der zu beschneidenden Frauen Äthiopiens (oder Kameruns) begründet.

Hier zeigt sich, dass es gerade im Falle von FGM schwer möglich ist, zwischen dem Verfolgungsgrund (hier als frauenspezifischer Verfolgungsgrund: das weibliche Geschlecht) und der ebenso frauenspezifischen Verfolgungshandlung (also der Verstümmelung des Geschlechts) zu unterscheiden.

Die Frau wird eben verstümmelt, weil sie eine Frau ist und weil sie noch unbeschnitten ist. Insofern kann gerade in Äthiopien, wo FGM die überwiegende Mehrheit der Frauen betrifft davon ausgegangen werden, dass die soziale Gruppe der Frauen sich hauptsächlich in die unbeschnitten, aber von FGM bedrohten und die bereits Verstümmelten aufteilt.

Tatsächlich ist die Unbeschnittenheit ja ein unabdingbares Merkmal, welche eben die Gruppe der Unbeschnittenen traditionsbedingt Diskriminierung bis hin zur Verfolgung aussetzt.[194] Allerdings ist Ursache für diese Diskriminierung eher das Geschlecht an sich, und die Weigerung, sich dem frauenspezifischen Ritual zu unterwerfen. Insofern wäre die Subsumtion unter die „Soziale Gruppe der Frauen Äthiopiens" genauso treffend gewesen.

Durch die Subsumtion unter die „soziale Gruppe der zu beschneidenden Frauen Äthiopiens" wird nämlich aus der Verfolgungshandlung (der Beschneidung oder Verstümmelung) eine soziale Gruppe gebildet. Es wird zwischen den Frauen, die dieser Verfolgungshandlung noch nicht unterworfen waren und jenen, die bereits durch die Verfolgungshandlung verstümmelt sind, unterschieden. Bei richtiger Betrachtung sind aber beide dieser Untergruppen nur aus einem einzigen Grund von dieser Menschenrechtsverletzung bedroht bzw schon betroffen: aufgrund des weiblichen Geschlechts.

---

[194] Wie zB Ausschluss aus der Gemeinschaft, Unmöglichkeit der Eheschließung oder eben zwangsweise Genitalverstümmelung. Siehe *Thenen*, Geschlechtsspezifische Flucht- und Bleibegründe: Völkerrechtliche Verpflichtungen und innerstaatliche Rechtslage, 242.

4.2. Häusliche Gewalt

Häusliche Gewalt ist weltweit gesehen eine der häufigsten Menschenrechtsverletzung an Frauen.[195] Die WHO[196] definiert häusliche Gewalt als Verhalten innerhalb einer intimen Beziehung, das zu körperlichen, psychischen oder sexuellen Schäden führt. Dabei ist unter einer „intimen Beziehung" nicht nur die Beziehung zum Partner, sondern auch zu anderen Familienmitgliedern zu sehen.

Obwohl auch Männer von häuslicher Gewalt betroffen sein können, so sind die meisten Opfer weiblich,[197] da Frauen nicht nur hinsichtlich der körperlichen Stärke im Regelfall unterlegen sind, sondern auch strukturell durch das Machtungleichgewicht und die patriachale Rollenverteilung benachteiligt werden.[198]

Seit der UN-Weltkonferenz für Menschenrechte in Wien im Jahre 1993 ist klargestellt, dass auch kulturell-bedingte Gewalt gegen Frauen eine Menschenrechtsverletzung darstellt.[199] Zudem wird hervorgehoben, dass die Bekämpfung von Gewalt gegen Frauen sowohl den öffentlichen als auch den privaten Bereich umfassen muss.[200]

Durch die sehr weite Definition der WHO kann häusliche Gewalt verschiedene Formen und Intensitäten erreichen: von Gewalt in der Ehe bis hin

---

[195] Die WHO hat bei einer repräsentativen Länderstudie mit 10 Staaten festgestellt, dass je nach Land 15 % bis 71 %, der Frauen sexuelle oder physische Gewalt durch einen Partner erlebt haben, die meisten Staaten lagen zwischen 29 % und 62 %. WHO, Multi-country Study on Women's Health and Domestic Violence against Women - Summary Report summary report of initial results on prevalence, health outcomes and women's responses, 2005, 15
(http://www.who.int/gender/violence/who_multicountry_study/summary_report/summary_report_English2.pdf).

[196] WHO, World Report on Violence and Health, 2002, 89 aus: *Fisher*, Gewalt gegen Frauen und die staatliche Verpflichtung zum Menschenrechtsschutz , 06.2005, 6
(http://www.menschenrechte.org/beitraege/menschenrechte/Gewalt_gegen_Frauen.pdf#search=%22gewalt%20gegen%20frauen%20vienna%20convention%22).

[197] *Fisher*, Gewalt gegen Frauen und die staatliche Verpflichtung zum Menschenrechtsschutz, 06.2005, 1.

[198] *Fisher*, Gewalt gegen Frauen und die staatliche Verpflichtung zum Menschenrechtsschutz, 06.2005, 17, RZ 55, dabei wird ua der WHO, World Report on Violence and Health 2002, 93ff zitiert.

[199] World Conference on Human Rights, Vienna Declaration and Programme of Action, 25.06.1993, I § 18.

[200] World Conference on Human Rights, Vienna Declaration and Programme of Action, 25.06.1993, II § 38.

zu Mitgiftmorden oder rituellen Tötungen aufgrund der (vermeintlichen) Untreue eines weiblichen Familienmitglieds.

Hier soll in erster Linie die – auch in Österreich weit verbreitete – häusliche Gewalt im engeren Sinn, also die Misshandlungen durch den (Ehe-) Partner behandelt werden; auf familiäre Gewalt aufgrund sogenannter Verletzungen der Ehre wird unter Punkt 4.3. eingegangen.

Häusliche Gewalt ist per Definition nicht-staatliche Verfolgung. Daher kann sie auch nur zur Asylanerkennung führen, wenn der Staat unwillig oder unfähig ist, Frauen vor Gewalt in der Familie zu schützen.

Obwohl häusliche Gewalt weit verbreitet ist, haben 79 Länder keine Gesetzgebung, um diese zu unterbinden.[201] Diese Länder zeigen ihren Unwillen, Frauen gesetzlich zu schützen, obwohl diese aufgrund ihrer strukturellen Benachteiligung besonders schutzbedürftig sind.

Aber auch in anderen Ländern, in denen eine einschlägige Gesetzgebung existiert, muss der Vollzug des Gesetzes (so zB die Reaktion der Polizei auf häusliche Gewalt) und die faktischen Möglichkeiten des Opfers berücksichtigt werden. Auch wenn de iure häusliche Gewalt sanktioniert wird, so nützt es dem Opfer nichts, wenn es massiven gesellschaftlichen Repressionen ausgesetzt wird. Auch ist zu bedenken, dass Frauen oft nur durch den Status der Ehefrau ökonomisch versorgt sind, also mit einer Anzeige den Wegfall ihrer Existenzgrundlage riskieren. Also sind weitere Maßnahmen notwendig, um Frauen effizient vor häuslicher Gewalt zu schützen (zB entsprechendes Scheidungsrecht[202], Errichtung von Frauenhäusern). Fehlen solche Maßnahmen, so wird entweder aus Unwilligkeit oder Unfähigkeit des Staates kein effizienter Schutz geboten, weshalb ein asylrelevanter Fall der nicht-staatlichen Verfolgung vorliegt.

Gerade bei häuslicher Gewalt ist es schwierig, eine „soziale Gruppe" zu bilden. Häusliche Gewalt ist praktisch weltweit verbreitet, auch in Österreich wird Schätzungen[203] zufolge jede fünfte Frau Opfer von häuslicher Gewalt. Dabei kommen die Opfer aus jeder sozialen Schicht und jeder Altersklasse, was die Bildung einer „sozialen Gruppe" weiter erschwert.

---

[201] Siehe amnesty international (http://www.amnesty.at/vaw/cont/kampagne/zahlenfakten.htm).

[202] So erschwert das diskriminierende Scheidungsrecht zB in Afghanistan (auch nach dem Fall des Talibanregimes) für eine Frau die Scheidung, da sie ein kompliziertes gerichtliches Verfahren anstreben muss, während der Ehemann durch bloße Willensaussage die Ehe beenden kann. siehe amnesty international, Afghanistan: Niemand hört uns zu und niemand behandelt uns als Menschen, 2003, 4.

Auch ist die Motivation des Täters schwierig einzuschätzen; es bleibt unklar, ob er seine Partnerin nur aufgrund ihres Geschlechts misshandelt. Da auch Männer von häuslicher Gewalt betroffen sein können, scheint die Motivation oft in der Paarbeziehung selbst zu liegen und nicht ausschließlich durch das Geschlecht begründet zu werden. Auch werden nicht alle Frauen systematisch häuslicher Gewalt unterworfen.

Dennoch kann häusliche Gewalt als Verfolgung aufgrund der Zugehörigkeit zu einer sozialen Gruppe subsumiert werden, nämlich wenn man nach der Gewaltanwendung durch den Partner die staatliche Reaktion – nämlich die Verweigerung des Schutzes – mit einbezieht.

Wenn der Staat nämlich Frauen gegenüber den Schutz verweigert, weil dem Ehemann das Recht zugestanden wird, seine Frau zu züchtigen, so wird der sozialen Gruppe der Frauen nicht derselbe Schutz der körperlichen Unversehrtheit zuteil wie Männern. Damit liegt eine indirekte Verfolgung aufgrund der sozialen Gruppe der Frauen vor. Auch die Weigerung, sich in „Privatangelegenheiten" zu mischen, ist unter diesem Gesichtspunkt eine indirekte Verfolgung von Frauen, wird doch Gewalt gegen Frauen zur reinen Privatsache erklärt, die nicht dieselbe Wertigkeit wie sonstige Gewaltanwendungen hat.

Zu erwähnen bleibt, dass nicht nur von staatlicher Seite, sondern, besonders wenn der Staat unfähig ist, Schutz zu bieten, auch gesellschaftlicher Druck auf misshandelte Frauen, die Ehe aufrecht zu erhalten indirekte asylrelevante Verfolgung darstellen können, weil auch dadurch der sozialen Gruppe der Frauen der Schutz vor weiterer Misshandlung verwehrt wird.

Hier führt ein gesellschaftliches Rollenbild, das die Frau dem Mann unterordnet, zur Verfolgung der Frau.

In der Rspr wird Frauen, die vor häuslicher Gewalt fliehen, unter dem Fluchtgrund der sozialen Gruppe Asyl gewährt.[204] Der VwGH betont, dass es unzulässig ist, rein pauschale Bewertungen der Situation im Herkunftsland zur Abweisung eines Asylantrages heranzuziehen. Es muss auch die konkrete Schutzwillig- und -fähigkeit des Staates gegeben sein, es müssen die konkreten Angaben der Asylwerberin berücksichtigt werden. Hat der Staat im konkreten Fall keine Schutzwilligkeit gezeigt, so genügt es bei

---

[203] Nach: Verein Autonome Österreichische Frauenhäuser - Informationsstelle gegen Gewalt (http://www.aoef.at/hilfe/index.htm).
[204] UBAS, 22.03.2001, 219.445/6-II/04/01.

Glaubwürdigkeit des Vorbringens nicht, nur allgemeine Länderinformationen heranzuziehen, um einen ablehnenden Bescheid zu begründen.[205]

In der ersten Instanz hingegen wird trotz dieser Entscheidungen häufig häusliche Gewalt als nicht asylrelevante Privatsache gesehen und als Partnerschafts-Probleme[206] bagatellisiert, womöglich, weil auch in Österreich aktuellen Umfragen zufolge immer noch mangelndes Problembewusstsein bei häuslicher Gewalt besteht.[207]

4.3. Einschränkungen der Partnerwahl, Ehrenmord

Gesellschaftliche und kulturelle Normen schränken gerade in fundamentalistischen Ländern die Selbstbestimmung beider Geschlechter ein. Dennoch wirken sich durch die patriachale Machtstrukturen viele Vorschriften auf Frauen negativer aus als auf Männer. Als Beispiel dafür ist Zwangsheirat zu nennen: Auch Männer werden gegen ihren Willen, teils auch bereits im Kindesalter, in arrangierten Ehen verheiratet, was einen unzulässigen Eingriff in ihr Recht auf Eheschließung darstellt. Aber durch die frauendiskriminierenden gesetzlichen Bestimmungen, wie zB das Scheidungsrecht oder die Möglichkeit der Polygamie exklusiv für Männer, kombiniert mit dem gesellschaftlichen Druck, wonach die Ehefrau dem Mann zu gehorchen habe, sind Frauen von Zwangsheirat stärker betroffen als Männer.[208]

Auch sind Einschränkungen bei der Wahl des Ehegatten nicht nur rechtlich verankert (zB wenn muslimischen Frauen die Ehe mit einem Nicht-Muslim verboten wird; da eine gemischte Ehe nicht anerkannt wird, besteht die Gefahr, aufgrund eines Zina-Delikts verurteilt zu werden[209]), sondern oft auch gesellschaftlich durch sogenannte Ehrenmorde sanktioniert. Ehrenmorde können Frauen und Männer, die durch unsittliches Verhalten

---

[205] VwGH, 30.08.2005, 2004/01/0602.
[206] So wird in der erstinstanzlichen Entscheidung, die in UBAS 22.03.2001, 219.445/6-II/04/01 zitiert wird, einer Asylwerberin, die von ihrem gewalttätigen Freund geflohen ist, nachdem dieser sie zur Prostitution gezwungen hatte, festgestellt, sie sei nach Österreich gekommen, weil sie mit ihrem „Freund Probleme bekommen haben".
[207] So sehen zB 20 % der Befragten eine Vergewaltigung durch den Partner gerade noch nicht als sexuelle Gewalt; Klub der Frauen/Karmasin-Motivforschung, Kein Wegsehen bei Gewalt gegen Frauen, 03.2006, 1 (http://www.karmasin.at/kmo/files/Haeusliche%20Gewalt.pdf).
[208] So *Thenen*, Geschlechtsspezifische Flucht- und Bleibegründe, 40.
[209] Vgl Sachverständigen-Gutachten UBAS 13.05.2002, 208.698/10-II/04/02.

die Familienehre verletzt haben, betreffen. Allerdings sind Frauen häufiger betroffen,[210] unter anderem weil Frauen oft schon beim leisesten Verdacht[211] einer Ehrverletzung ermordet werden, während Männern mehr Freiheiten zugestanden werden. So dienen Ehrenmorde auch dazu, Frauen in ihrer Selbstbestimmung einzuschränken; bei ihnen wird der Begriff der „Keuschheit" oder „Reinheit" strikter ausgelegt.

All diese Frauen diskriminierenden Traditionen, die oft auch durch Gesetze unterstützt werden,[212] müssen in einer Gesamtbeschau betrachtet werden, um die frauenspezifische Situation im Heimatland zu beurteilen.

Der UBAS hat bereits drohenden Ehrenmord bei selbstständiger Ehegattenwahl als asylrelevant anerkannt.[213] Im konkreten Fall hatte eine Pakistanerin gegen den Willen ihrer Familie einen Ehegatten anderer Glaubensrichtung[214] gewählt. Aufgrund dieses Verhaltens drohte ihr und ihrem Ehemann die Ermordung durch die „entehrte" Familie der Frau.

In Österreich wurde der Frau (und auch ihrem Ehegatten) aus den religiösen Gründen und der (unterstellten) politischen Gesinnung[215] Asyl gewährt.

Der UBAS argumentierte, dass die Frau eben die religiösen Gebote ihrer radikalisierten Glaubensgemeinschaft durch ihre Ehe mit einem Andersgläubigen gebrochen hat, weshalb die Religion als Fluchtgrund erkannt wurde. Weiters wird ihr durch ihr Verhalten, das die geltenden Traditionen gebrochen hat, auch unterstellt, dass sie die herrschenden Strukturen insgesamt ablehnt. Da nach dem VwGH[216] *„alles, was für den Staat, für die*

---

[210] *Thenen*, Geschlechtsspezifische Flucht- und Bleibegründe, 35.
[211] ZB berichtet die taz, Nr 7523, 25.11.2004, 4, von einem 12-jährigen jordanischen Mädchen, das von seinem Vater ermordet wurde, weil sie durch einen Spaziergang ohne seine Einwilligung die Familienehre verletzt habe (http://www.asta.uni-potsdam.de/ dokumente/downloads/gender_041130_unerlaubtspazieren.pdf).
[212] So kann zB in Pakistan die Familie des Mordopfers die Bestrafung des Mörders verhindern, indem sie ihm – meist nach Bezahlung einer Kompensation – verzeiht. Gerade bei Ehrenmorden, die üblicherweise in derselben Familie stattfinden, wird so die Bestrafung des Mörders in den meisten Fällen verhindert; siehe Human Rights Watch, Country Summary – Pakistan, 01.2006, 1 (http://hrw.org/wr2k6/pdf/pakistan.pdf).
[213] UBAS 06.12.2005, 249.259/0-XIV/08/04.
[214] Allerdings auch muslimischen Glaubens, so dass die Ehe staatlich anerkannt war.
[215] Damit drückt der UBAS aus, dass die verfolgte Frau wohl nicht aus „politischen Kalkül" ihren Ehemann gewählt hat, sondern ihr nur von ihrer Familie eine gewisse politische Gesinnung auf Grund ihrer Eheschließung unterstellt wird. Da beides (die tatsächliche sowie die unterstellte politische Gesinnung) asylrelevant ist, wird im Verfahren nicht gesondert darauf eingegangen, ob diese Gesinnung tatsächlich vertreten wird.
[216] VwGH 12.09.2002, 2001/20/0310.

Gestaltung bzw. Einhaltung der Ordnung des Gemeinwesens und des geordneten Zusammenlebens der menschlichen Individuen in der Gemeinschaft von Bedeutung ist" politisch iSd GFK ist, fällt die Ablehnung der herrschenden traditionellen Machtstrukturen zweifellos unter diesen Begriff.

Weiters wird ausgeführt, dass der pakistanische Staat der sozialen Gruppe der Frauen völlig unzureichenden Schutz gewährt, gerade bei Ehrenmorden oder der Bestrafung einer Eheschließung gegen den Willen der Eltern unterstützen staatliche Organe anscheinend sogar die verfolgende Familie.

Bei diesem Bescheid zeigt sich, dass auch bei frauenspezifischen Themen wie Ehrenmord nicht nur die „Zugehörigkeit zu einer sozialen Gruppe" als Fluchtgrund in Betracht kommt, sondern dass diverse Aspekte die Verfolgung auslösen.

Schwieriger stellt sich die Lage dar, wenn eine Asylwerberin vor einer drohenden Strafe aufgrund von Ehebruch flieht. In dem Fall einer Iranerin, die die Steinigung als Strafe für einen von ihr begangenen Ehebruch befürchtete, hat der VwGH im Jahre 1996 festgestellt, dass hier die Verfolgung aufgrund eines unpolitischen Delikts vorliegt und daher keine Verfolgung aufgrund der sozialen Gruppe anzunehmen sei.[217] Dabei führte er aus:

„Der Vollständigkeit halber ist anzumerken, daß die Beschwerdeführerin nicht behauptet hat, daß die Strafandrohung wegen Ehebruchs nur für Frauen, somit die (zweifellos unmenschliche) Sanktion in unmittelbarem Zusammenhang mit ihrer Geschlechtszugehörigkeit stünde."

Also hat der VwGH zwar angedacht, dass diese Strafe frauenspezifische Verfolgung darstellen könnte, dies jedoch dann verneint. Dies mag verständlich anscheinen wenn man bedenkt, dass im selben Jahr, indem diese Entscheidung getroffen wurde, erst die gerichtliche Strafbarkeit des Ehebruchs beseitigt wurde. Also war zum Zeitpunkt der Entscheidung auch in Österreich Ehebruch strafbar,[218] was gewiss Einfluss auf diese Entscheidung hatte.

Inzwischen würde der Falle einer drohenden Hinrichtung aufgrund eines Ehebruchs wohl anders beurteilt. So wurde im Falle eines Iraners, der ein Verhältnis mit einer verheirateten Frau hatte und nun die Steinigung fürch-

---

[217] VwGH 18.12.1996, 96/20/0793. Siehe auch *Frank/Anerinhof/Filzwieser*, AsylG 2005, 90, E98.

[218] Strafrechtsänderungsgesetz 1996, BGBl 1996/762. Nach Art 1 iVm Art 11 Abs 1 trat die Aufhebung des § 194, der den Ehebruch unter Strafe stellte, erst am 01.03.1997 in Kraft.

tete, festgestellt, dass hier eine komplett unverhältnismäßige Strafe für eine gesetzlich verbindliche Moralvorstellung droht. Dies deutet darauf hin, dass dem Betroffenen unterstellt wird, er habe eine andere politische Gesinnung als die, die der Staat vorschreibt. Deshalb sei auch die Verfolgung aufgrund vom Ehebruch als Verfolgung aufgrund der (unterstellten) politischen Gesinnung zu werten.[219]

Zudem greift die lapidare Feststellung, Ehebruch sei nicht nur für Frauen strafbar, zu kurz. Vielmehr müsste überprüft werden, ob in der Praxis Frauen dafür häufiger oder strenger bestraft werden. Auch wäre insgesamt zu bewerten, ob das Eherecht Frauen so benachteiligt, das sie häufiger in die Situation geraten, Ehebruch zu begehen. Dies wäre beispielsweise der Fall, wenn es für Frauen wesentlich schwieriger wäre, sich scheiden zu lassen. Hier müssten auch gesellschaftliche Faktoren (wie zB die Ächtung geschiedener Frauen) sowie die tatsächliche Situation geschiedener Frauen (so bspw ob es für sie eine Möglichkeit gibt, sich selbst zu erhalten) in Erwägung gezogen werden.

Eine doppelte Diskriminierung erfahren üblicherweise weibliche Homosexuelle, da sie nicht nur auf Grund ihres Geschlechts, sondern auch wegen ihrer sexuellen Orientierung benachteiligt werden. Gerade in fundamentalistisch-patriachalen Gesellschaften nimmt diese Diskriminierung häufig das Ausmaß von Verfolgung an, zumal es durch Praktiken wie Zwangshcirat nur wenige Frauen geben wird, die ihre Orientierung offen ausleben können. Gerade diese Frauen, die auf den Status der Ehefrau und Mutter verzichten, der ihnen eine gewisse gesellschaftliche Anerkennung bietet, laufen Gefahr, verfolgt zu werden. Dabei kann die Verfolgung auch von staatlicher Seite ausgehen, so zB im Iran, in dem Homosexualität unter Strafandrohung steht. Zwar wird männliche Homosexualität härter, nämlich mit dem Tode, bestraft; doch auch auf weibliche Homosexualität wird mit 100 Peitschenhieben bestraft; nach der vierten Wiederholung droht die Todesstrafe.[220]

Der UBAS[221] hat homosexuellen Frauen, die aus dem Iran flüchten, Asyl gewährt. In einem der Fälle[222] wurde dabei die unterstellte politische Ge-

---

[219] VwGH 17.09.2003, 99/20/0126.
[220] Islamisches Strafgesetzbuch, Art 110 (für männliche Homosexualität) sowie Art 129, 131 (für weibliche Homosexualität); siehe Amnesty International, Menschenrechte und sexuelle Identität, Länder: Iran (http://www.mersi-amnesty.de/index.php?m=6&id=76&cat=39&).
[221] UBAS 02.006.2004, 234.015/12-VIII/40/04 ; UBAS 05.08.2005, 238.353/5-VIII/22/03.
[222] UBAS 05.08.2005, 238.353/5-VIII/22/03.

sinnung als Fluchtgrund angesehen. Hier wurde betont, dass bei einem nicht-laizistischen islamischen Staat wie dem Iran der Staat als „politische Gesinnung" die von ihm getroffene Auslegung des islamischen Glaubens vorschreibe. Verstöße gegen Moralvorstellungen werden deshalb auch staatlich sanktioniert, weil der Betroffene eine von der fundamentalistischen Auffassung abweichende Moral gezeigt habe. Deshalb seien diese Strafvorschriften rein politisch motiviert, eine Bestrafung falle deshalb unter politische Verfolgung.

Auch dieser sehr interessante Ansatz zeigt, dass Verfolgung wegen des Geschlechts und der sexuellen Identität nicht nur als Verfolgung aufgrund der Zugehörigkeit zu einer sozialen Gruppe, sondern eben auch unter andere Fluchtgründe subsumiert werden kann.

Zur Vollständigkeit ist zu erwähnen, dass auch transsexuellen Menschen, denen massive gesellschaftliche Verfolgung[223] oder eben staatliche Verfolgung[224] droht, in Österreich Asyl gewährt wurde.

---

[223] UBAS 10.05.2004, 240.479/0-VIII/22/03 für einen georgischen Transsexuellen, der sich zum Mann umoperieren ließ.
[224] UBAS 28.03.2006, 244.745/0-VIII/22/03 für eine iranische Transsexuelle, die sich zur Frau umoperieren ließ.

5. Probleme von Frauen im Asylverfahren

5.1. Mangelnde Bildung

In den meisten Regionen der Welt haben Frauen weniger Zugang zu Bildung, daher ist auch die Analphabeten-Rate bei Frauen deutlich höher.[225] Diese mangelnde Bildung hat nicht nur zur Folge, dass weniger Frauen nach Westeuropa fliehen, sondern wirkt sich auch im österreichischen Asylverfahren aus.

Gerade seit der Asylgesetz-Novelle 2003, in der die EAST eingerichtet wurden, muss jeder Asylwerber bereits im Zulassungsverfahren, das plangemäß nur 72 Stunden dauert, seine Fluchtgründe darlegen, da ihm sonst die Abweisung des Antrags als „offensichtlich unbegründet" drohte, bzw seit Inkrafttreten des AsylG 2005 eine inhaltlich negative Entscheidung bereits im Zulassungsverfahren ergehen kann.[226]

Als Hilfestellung sieht deshalb § 29 Abs 1 AsylG 2005 vor, dass dem Asylwerber nach Antragsstellung eine schriftliche Erstinformation und eine Orientierungshilfe übergeben werden, um ihn über seine Rechte und Pflichten zu informieren.

Gerade hinsichtlich der hohen Analphabetenrate unter Frauen ist diese Praxis schon von vorneherein bedenklich. Doch zudem sind die Erstinformationsblätter in komplizierter Sprache mit zahlreichen juristischen Fachausdrücken verfasst. Beispielsweise wird in der Erstinformation im Asylverfahren[227] ausgeführt:

> „Haben Sie **Folterspuren** oder haben Sie **psychische Probleme**, die mit traumatischen Erlebnissen in Ihrem Heimatland zusammenhängen, so teilen Sie das unbedingt **sofort** einem Arzt und einem Rechtsberater mit."

---

[225] Nach dem UNICEF-Bericht „Menschenrechtsverletzungen an Frauen und Mädchen - Apartheid der Geschlechter" 2002, 2 sind 2/3 der weltweit 900 Millionen Analphabeten weiblich.

[226] § 28 Abs 1 AsylG 2005; in der ai-Stellungnahme, 28f wird neben der Widersprüchlichkeit, dass im Zulassungsverfahren inhaltliche Entscheidungen ergehen, auch kritisiert, dass eklatante Rechtsschutzlücken auftreten. So ist an sich im Zulassungsverfahren nur eine Grobprüfung vorgesehen, zudem kann die aufschiebende Wirkung einer Berufung vom BAA aberkannt werden.

[227] Bundesasylamt der Republik Österreich, Erstinformation im Asylverfahren, 03.2004, 1.

An einer anderen Stelle heißt es[228]:

*"Verlassen Sie die Erstaufnahmestelle **ungerechtfertigt**, kann dies folgende Konsequenzen für Sie haben:*

...

Die notwendige Information für die Entscheidung Ihres Asylantrages liegt bereits vor: Ihr Asylverfahren kann negativ entschieden werden und damit können Sie Ihren Abschiebeschutz verlieren."

Wie in einem linguistischen Gutachten[229] treffend bemerkt wird, ist zu bezweifeln, dass diese Informationstexte es den Asylwerbern ermöglichen, ihre Rechte und Pflichten zu kennen und dementsprechend sinnvoll zu handeln. Da gerade Frauen über weniger Bildung verfügen, ist zu befürchten, dass sich diese schwer verständliche Sprache auf sie besonders negativ auswirkt.

Auch in anderer Hinsicht kann sich die mangelnde Bildung im Asylverfahren negativ auswirken. Da Frauen in der patriachalen Rollenverteilung der häusliche Bereich zugeteilt ist, fehlt ihnen üblicherweise der Umgang mit Behörden, die Einvernahmesituation kann zusätzlich einschüchternd wirken. Auch deshalb werden Frauen möglicherweise ihre Rechte im Verfahren schlechter wahrnehmen können als Männer.

Weiters ist auch die Befragung im Asylverfahren eher auf den öffentlichen „männlichen" Lebensbereich konzentriert. So wird, sofern ein Flüchtling keine Dokumente vorweisen kann, um seine Staatsbürgerschaft zu belegen, zur Feststellung, ob er tatsächlich aus dem angegebenen Herkunftsland stammt, regelmäßig Detailwissen über Geographie oder Politik in der Einvernahme abgefragt.[230] Auch in diesem Bereich können sich die mangelnde Bildung und der Ausschluss vom öffentlichen Leben negativ auswirken.

Zudem werden auch in der Einvernahme regelmäßig schwerverständliche Formulierungen oder rechtliche Fachausdrücke verwendet.[231]

---

[228] Bundesasylamt der Republik Österreich, Erstinformation im Asylverfahren, 03.2004, 1.
[229] *Menz*, Institut für Sprachwissenschaften, Universität Wien, Stellungnahme zur Verständlichkeit der Informationsblätter des Bundesasylamtes aus linguistischer Perspektive, 15.06.2004, 2 (http://www.sprachenrechte.at/_TCgi_Images/sprachenrechte/20050106190908_stellgn_menz_1.pdf).
[230] ZB UBAS 23.01.2003, 234.253/0-IX/27/03.
[231] So zB BAA, 22.08.2006, 06 05.131 - BAI „Wurden Sie in Ihrer Heimat von staatlicher Seite wegen Ihrer politischen Gesinnung oder der Zugehörigkeit zu einer sozialen Gruppe verfolgt?"; hier wird dem Asylwerber die Subsumtion seiner Fluchtgründe überlassen.

Dieser unterschiedliche Zugang zu Informationen muss in der Beweiswürdigung berücksichtigt werden, um zu einem zutreffenden Ergebnis zu gelangen.

5.2. Trauma und Scham durch sexuelle Gewalt

Das Informationsblatt Erstinformation im Asylverfahren[232] führt aus:

„Teilen Sie uns sofort mit, wenn Ihre Furcht vor Verfolgung in Ihrem Heimatstaat auf **Eingriffe in Ihre sexuelle Selbstbestimmung** *(z.B. Vergewaltigung, sonstige sexuelle Misshandlung, erfolgte oder drohende Genitalverstümmelung) begründet ist."*

Diese Information wird aus psychotherapeutischer[233], psychiatrischer[234] und ethnologischer[235] Sicht kritisiert; es herrscht Einigkeit, dass diese Aufforderung wenig zielführend ist.

Aus ethnologischer Sicht führt *Kronsteiner*[236] aus:

„... dass Frauen, wenn man sie schriftlich auffordert, von derartigen Misshandlungen und sexueller Gewalt die Behörde in Kenntnis zu set-

---

[232] Bundesasylamt der Republik Österreich, Erstinformation im Asylverfahren, 03.2004, 2.

[233] *Kronsteiner*, Fachliche Stellungnahme zu den zu den Informationsblättern (Erstinformation über das Asylverfahren, Merkblatt über Pflichten und Rechte von Asylwerbern, Orientierungsinformation, Belehrung zu Dublin II, Information zu EURODAC-VO) des Bundesasylamt entsprechend dem Asylgesetz 2003 § 24 Abs 3 und § 26 aus psychotherapeutischer Sicht, 09.06.2004 zitiert als: Psychotherapeutisches Gutachten (http://www.sprachenrechte.at/_TCgi_Images/sprachenrechte/20050106204841_stellgn_psych_kronsteiner_1.pdf).

[234] *Friedmann*, Kommentar zur Erstinformation über das Asylverfahren 03.2004 (http://www.sprachenrechte.at/_TCgi_Images/sprachenrechte/20050106190755_stellgn_friedmann_1.pdf).

[235] *Kronsteiner*, Fachliche Stellungnahme zu den Informationsblättern (Erstinformation über das Asylverfahren, Merkblatt über Pflichten und Rechte von Asylwerbern, Orientierungsinformation, Belehrung zu Dublin II, Information zu EURODAC-VO) des Bundesasylamt entsprechend dem Asylgesetz 2003 § 24 Abs 3 und § 26 aus ethnologischer Sicht, 09.06.2004 zitiert als: Ethnologisches Gutachten (http://www.sprachenrechte.at/_TCgi_Images/sprachenrechte/20050106190629_stellgn_ethno_kronsteiner_1.pdf).

[236] Ethnologisches Gutachten, 2f.

zen, dazu oft nicht in der Lage sind, da dies Vertrauen voraussetzt, gegen kulturelle Normen verstoßen würde, bzw. ihre Sicherheit in der Erstaufnahmestelle, wenn Familienmitglieder, Mitglieder derselben kulturellen Gruppe/ Religion davon erführen – und das wird oft befürchtet – nicht mehr gewährleistet ist. Weiters glauben Frauen oft, selbst an der erlebten sexuellen Gewalt schuld zu sein, da ihnen die Verantwortung für ihre sexuelle Reinheit kulturell zugeschrieben wird. Geflüchtete Frauen wissen nicht, wie damit in Österreich umgegangen wird."

Schon aus dieser kulturellen Perspektive wird es Frauen kaum möglich sein, sofort in den ersten 72 Stunden über sexuelle Gewalterfahrungen zu sprechen, da sie ihr anerzogenes Schamgefühl und die Angst vor allfälligen Repressionen durch die eigene Volksgruppe (weil sie durch sexuelle Gewalt in deren Augen womöglich „unrein" geworden ist) überwinden müssen. Die Erwähnung der sexuellen Gewalt ist aber notwendig, um das Recht nach § 20 AsylG 2005 von einer Referentin einvernommen zu werden, wahrzunehmen. Verschweigt die Frau gleich zu Beginn aus Scham dem Einvernehmenden die erlittene sexuelle Gewalt, wird die gesamte Einvernahme von einem männlichen Referenten geführt. Das verstärkt das kulturelle Tabu, die sexuelle Gewalt bleibt unerwähnt.[237]

Auch zeigt sich in der Praxis, dass teils trotz Erwähnung der sexuellen Gewalt nicht über das Recht, von einer Frau einvernommen zu werden, informiert wird, sondern der männliche Referent weiter die Einvernahme führt.[238]

Zudem ist auch im AsylG 2005 keinerlei Bestimmung über die in solchen Fällen beigezogenen Dolmetscher enthalten. So hat eine sexuell misshandelte Frau kein Recht darauf, dass eine Dolmetscherin beigezogen wird. Dabei wird ignoriert, dass der Dolmetscher die direkte Ansprechperson im

---

[237] Zudem kritisierte der VwGH 3.12.2003, 2001/01/0402, dass auch der UBAS teilweise selbst bei sehr deutlichen Anzeichen sexueller Übergriffe keine sexuelle Verfolgungshandlung erkennt. Konkret berichtete die Asylwerberin, die Verfolger haben sie *„körperlich bedrängt, ich möchte davon nichts erzählen, da werde ich gleich nervös."*, sowie sie könne *„ja nicht zuschauen wie sie meine beiden jungen Töchter begrapschen und sich allenfalls an ihnen vergehen."* Weiters erwähnte sie auf Nachfrage, sie solle die Bedrohungen näher schildern *„Das möchte ich nicht, ich schäme mich."*

[238] Siehe zB Wahrnehmungsbericht Forum Asyl, Evaluierung der Erstaufnahmestellen AsylG-Novelle 2003 - Beispielfälle, 10.12.2004, 2, bei der eine Frau trotz der Erwähnung mehrmaliger Vergewaltigungen erst nach einiger Zeit (in der Niederschrift: nach 2 weiteren Seiten) über ihr Recht informiert wurde.

Asylverfahren ist und er womöglich aus dem gleichen Kulturkreis wie die Asylwerberin stammt. Diese Faktoren verstärken das kulturelle Tabu; deshalb kann ein männlicher Dolmetscher dazu führen, dass wesentliche Teile der Fluchtgeschichte verschwiegen werden. Das kann zur Folge haben, dass der Antrag sofort im EAST inhaltlich negativ entschieden wird.

Aber auch wenn die Asylwerberin zum Verfahren zugelassen wird, und später, wenn sie psychisch gefestigt ist, oder die Bedingungen der Einvernahme günstiger sind, die sexuelle Gewalt vorbringt, so kann dies als „gesteigertes Vorbringen" und damit als unglaubwürdig bewertet werden[239]. Insgesamt besteht gerade bei sexueller Gewalt die Gefahr, dass Vorurteile über das Verhalten von Vergewaltigungsopfern[240], bzw ihres Umfelds[241] dazu führen, dass dem Vorbringen die Glaubwürdigkeit versagt wird.

Neben der ethnologischen Komponente muss auch berücksichtigt werden, dass sexuelle Gewalt zumeist zu massiven Traumatisierungen führt. Diese psychische Beeinträchtigung ist auch in der Einvernahme zu berücksichtigen, um es der Asylwerberin zu ermöglichen, über das erlittene Trauma zu berichten.

---

[239] So die erstinstanzliche Entscheidung zu UBAS, 25.01.2002, 216.194/10-II/39/01, auch der VwGH geht davon aus, dass kein Asylwerber eine sich bietende Gelegenheit, seine Fluchtgeschichte zu erzählen, ungenützt verstreichen lassen würde, Vgl *Frank/Anerinhof/Filzwieser*, AsylG 2005, 70, E21.

[240] Siehe UBAS 07.12.2006, 305.376-C1/E1-XV/54/06. In diesem Fall wies die erste Instanz den Asylantrag einer Nigerianerin, die in ihrer Heimat mehrmals vergewaltigt wurde, ab, da die Asylwerberin zeitweise als Prostituierte gearbeitet habe. Dabei führte sie aus, dass die *„ausgeübte Prostitution gegen eine Vergewaltigung spricht, weil diese doch ein seelisches Trauma darstellen müsste und ein freiwilliges Anbieten des eigenen Körpers damit im Widerspruch stünde."* Erst die zweite Instanz gewährte ihr Asyl, nachdem eine Sozialarbeiterin in einer Beratungstelle für Prostituierte ausgeführt hatte, dass *„gerade Missbrauchsopfer möglicherweise der Prostitution nachgehen"*, da sie die Grenzüberschreitungen, die Prostitution mit sich bringt, bereits durch den Missbrauch erlebt haben. Auch der Falter 41/2007, 10.10.2007 (http://www.falter.at/web/print/detail.php?id=566) zitiert den Bescheid einer Tschetschenin, welche nach der Vergewaltigung im Heimatland auf der Flucht ein Verhältnis zu einem anderen Mann hatte und von ihm schwanger wurde. Das würde – nach Ansicht des Bundesasylamtes – eine traumatisierte Frau nie in den Sinn kommen.

[241] Der Falter, 41/2007, 10.10.2007 (http://www.falter.at/web/print/detail.php?id=566) berichtet von einer tschetschenischen Frau, die im Heimatland vergewaltigt wurde. Ihr wurde von der ersten Instanz die Glaubwürdigkeit abgesprochen, da *„es ist nicht von der Hand zu weisen, dass eine sexuell geschändete Frau mit Sicherheit von ihrem Ehemann mit Schmach behandelt, wenn nicht sogar getötet"* würde. Also wurde die Asylwerberin deshalb als unglaubwürdig angesehen, weil sie nach wie vor mit ihrem Ehemann zusammen lebt.

Wie *Friedmann*[242] ausführt:

> „*An diese Themen muß man sich extrem behutsam und indirekt nähern und dabei eine Gesprächsatmosphäre herstellen, in welcher die Offenlegung Erleichterung und nicht Angst, Scham und Demütigung für betroffene Menschen bringt.*"

Leider wird das Asylverfahren dieser psychiatrischen Beurteilung keinesfalls gerecht.

So wurde im § 76 Abs 2 FPG 2005 Schubhaft für Asylwerber schon dann ermöglicht, wenn die Fremdenpolizei den Verdacht hegt, der Asylantrag könne zurückgewiesen werden. Weiters ist im § 19 Abs 1 AsylG 2005 vorgesehen, dass Organe des öffentlichen Sicherheitsdienstes die Befragung zur Reiseroute und zur Identität durchführen.

Diese Behandlung – zuerst Festnahme und Inhaftierung, dann eine Befragung durch uniformierte Beamte – sind denkbar ungeeignet, eine behutsame Gesprächsatmosphäre herzustellen; im Gegenteil wird es dadurch traumatisierte Menschen, die durch ihre Erfahrungen ohnehin zu Misstrauen neigen,[243] fast unmöglich, genügend Vertrauen zu fassen um über ihr Trauma zu sprechen. Zudem besteht die Gefahr einer Retraumatisierung.[244]

Zusammenfassend besteht gerade bei sexueller Gewalt ein hohes Risiko, dass es für die Betroffenen nicht nur unmöglich wird, ihre Fluchterfahrungen vollständig darzulegen, sondern dass sogar das Risiko der Retraumatisierung und damit weiterer Gesundheitsschädigung besteht.

5.3. Gefahr der sexuellen Belästigung in der Grundversorgung

Nicht nur im Asylverfahren, auch in der Grundversorgung müssen die besonderen Bedürfnisse von Flüchtlingsfrauen beachtet werden. Gerade allein stehende Frauen sind auf der Flucht gefährdet, Opfer von sexueller Gewalt

---

[242] *Friedmann*, Kommentar zur Erstinformation über das Asylverfahren, 03.2004, 1 (http://www.sprachenrechte.at/_TCgi_Images/sprachenrechte/20050106190755_stellgn_friedmann_1.pdf).
[243] *Kronsteiner*, Psychotherapeutisches Gutachten, 2.
[244] *Kronsteiner*, Psychotherapeutisches Gutachten, 2.

zu werden. Leider hört diese frauenspezifische Bedrohung nicht mit der Ankunft in Österreich auf. Auch hier sind Frauen in Flüchtlingslagern gefährdet, Opfer von sexuellen Übergriffen zu werden.

Dabei geht diese Gefahr nicht nur von männlichen Flüchtlingen aus, sondern auch vom Wachpersonal. Besonders in großen, überfüllten Flüchtlingslagern wie Traiskirchen stellen sexuelle Übergriffe ein Problem dar, das lange ignoriert wurde.

Erst im Frühjahr 2004, nachdem eine Asylwerberin eine Anzeige wegen Vergewaltigung eingebracht hatte, kam das Ausmaß der sexuellen Ausbeutung an die Öffentlichkeit. Zu jener Zeit war Traiskirchen mit ca 1000 Flüchtlingen überbelegt. Die betroffene Asylwerberin war im sogenannten Frauenhaus (Haus 8) im Lager Traiskirchen, das für allein stehende Frauen und ihre Kinder vorgesehen war, untergebracht.

Im Prozess sagte der damalige Lagerleiter, nach der Frage über sexuelle Übergriffe im Waschraum des Frauenhauses aus: *„Nach unserem Informationsstand ist das etwas, das sehr häufig vorkommt und wo sich niemand daran stößt",* Wachleute berichteten über Zuhälter, die nach Traiskirchen fuhren, um Prostituierte zu rekrutieren.[245]

Zwar wurde der Wachmann im Zweifel freigesprochen, dieses Urteil blieb aber umstritten.[246] Und trotz des Freispruchs belegen die Aussagen, dass in Traiskirchen offensichtlich sexuelle Belästigung und Gewalt vorherrschend war, selbst im Frauenhaus des Lagers wurde den Frauen unzureichend Schutz gewährt.

Auch als Reaktion auf diese erschreckenden Tatsachen wurde am 11. Juli 2004 ein neues, besser abgeschirmtes Frauenhaus in Traiskirchen eröffnet,[247] in dem Männern der Zutritt zur Gänze untersagt ist.

Ob diese Maßnahme ausreichend ist, um Flüchtlingsfrauen in Österreich zu schützen, bleibt abzuwarten; schließlich wird – sofern der Asylantrag zugelassen wird – die Asylwerberin in eines der Flüchtlingsheime in den Bundesländern verlegt; dort sind die Landesbehörden für die Unterbringung

---

[245] Falter, 19/2005, 11.05.2005, Traiskirchen: Vergewaltigung einer Asylwerberin (http://www.deranwalt.at/show.asp?id=564&kapitel=Wissenswertes).

[246] Rainer Wolfgang, Causa: "GV mit einer Negerin", KW 19, 2005 (http://www.deranwalt.at/show.asp?id=563&kapitel=Zerronnenes).

[247] BMI-Pressemitteilungen, Prokop besucht „Haus der Frauen" in der Betreuungsstelle Traiskirchen, Artikel Nr 1264, 14.07.2005 (http://www.bmi.gv.at/bmireader/_article-pages/artikel_smallpics.aspx?id=4F46474D3265627671424D3D&textversion=0&inctop=).

zuständig. Obwohl wenig Berichte über die Situation in diesen Heimen an die Öffentlichkeit dringen, berichtet ein kongolesicher Flüchtling in der Wiener Stadtzeitung Falter[248] darüber, dass afrikanische Flüchtlingsfrauen zur Prostitution genötigt werden.

Anscheinend ist also nach wie vor der Schutz vor sexueller Ausbeutung von Flüchtlingsfrauen in Österreich mangelhaft.

---

[248] Falter, 03/2005, 19.01.2005, Im verlorenen Paradies (http://www.falter.at/web/print/detail.php?id=24).

6. Ausblick und Schlussfolgerungen

Zusammenfassend zeigt sich, dass frauenspezifisch Verfolgte in der zweiten Instanz zumindest nach der Rechtsprechung des UBAS durchaus gute Aussichten haben, Asyl zugesprochen zu bekommen. Dabei wird vermehrt frauenspezifische Verfolgung nicht nur als Verfolgung aufgrund der sozialen Gruppe gesehen, sondern auch die politische Dimension miteinbezogen. Allerdings sind die weiteren Entwicklungen beim Asylgerichtshof abzuwarten, insbesondere ob tatsächlich keine strengeren Kriterien herangezogen werden.

Unbeeindruckt von der relativ großzügigen Judikatur des UBAS entscheidet die erste Instanz überaus restriktiv. So wird eine rasche Schutzgewährung für die gefährdeten Frauen verhindert und das Verfahren verzögert. Doch anstatt die Verfahren durch entsprechende Schulungen der ersten Instanz zu beschleunigen, wurde mit der Errichtung des Asylgerichtshofes der Rechtsschutz für Asylwerber beschnitten, um die Verfahren rascher abzuschließen.

Doch nicht nur die erste Instanz, auch die Gesetzgebung nimmt bei der Gestaltung des Verfahrens wenig Rücksicht auf die besonders labile psychische Situation von weiblichen Flüchtlingen; gerade das Verfahren in den Erstaufnahmestellen ist wenig geeignet, Frauen dazu zu ermutigen, ihre Fluchtgeschichte, die zumeist traumatische Ereignisse enthalten wird, vollständig vorzubringen.

Zu berücksichtigen ist jedoch, dass die meisten Asylanträge inhaltlich nicht behandelt werden. Sie werden zurückgewiesen, weil der Flüchtling häufig bereits in einem anderen Mitgliedsstaat der Europäischen Union die Möglichkeit gehabt hat, einen Asylantrag zu stellen. Auch bezüglich der neuen Mitgliedsstaaten der EU wird diese Bestimmung angewandt. Hier ist teilweise unklar, ob ein rechtsstaatlich sicheres Asylverfahren gewährt wird. Da seit Inkrafttreten des AsylG 2005 Schubhaft bereits dann verhängt werden kann, wenn nach Ansicht der Fremdenpolizei vermutlich ein anderer EU-Staat zuständig ist,[249] und Berufungen gegen zurückweisende Entscheidungen im Zulassungsverfahren normalerweise keine aufschiebende Wirkung haben, ist die gleichzeitig ausgesprochene Ausweisung sofort durchsetzbar,[250]

---

[249] § 76 Abs 2 Z 4 FPG 2005.
[250] § 36 Abs 1, 4 AsylG 2005.

also bleibt der Asylwerber, bis er in den anderen EU-Staat zurückgeschoben wird, in Schubhaft.[251] Dadurch wird es für die Inhaftierten schwieriger, eine Rechtsvertretung zu organisieren; die Möglichkeit ein Rechtsmittel einzulegen wird also praktisch beschränkt.

Daher wurde von der Judikatur auch noch keine Aussage getroffen, ob alle EU-Mitgliedsstaaten frauenspezifische Fluchtgründe hinreichend bedenken und daher für flüchtende Frauen wirklich sicher sind.

So bleibt zweifelhaft, ob das bekanntermaßen konservative Polen für Menschen, die aufgrund ihrer sexuellen Orientierung geflohen sind, genügend Schutz bietet, oder ob dort in der Öffentlichkeit Themen wie häusliche Gewalt hinreichend thematisiert wurden und so bei den Entscheidungsträgern die nötige Sensibilität gegeben ist.

Doch bereits der Zugang zu Westeuropa wird durch die Abschottungspolitik der EU erschwert. Dadurch sinken gerade für Frauen die Chancen, sich hier in Sicherheit zu bringen. Da Frauen in den meisten Herkunftsländern – wie in Punkt 1 dargelegt wurde – insbesondere hinsichtlich Ressourcen benachteiligt sind, wirken sich höhere Kosten für eine Flucht auf sie besonders negativ aus. Im Namen der Bekämpfung des „Asylmissbrauchs" in Westeuropa wird in erster Linie besonders Benachteiligten die Möglichkeit, sich nach Westeuropa in Sicherheit zu bringen, verwehrt.

Auch wird durch die Abschottung Europas eine Flucht hierher für Männer wie Frauen immer riskanter; Frauen sind jedoch noch besonderen frauenspezifischen Gefahren (Frauenhandel Vergewaltigung) ausgesetzt. Auch das Schlepperwesen wird durch diese Abschottungspolitk verstärkt werden; die Abhängigkeit von einem Schlepper erhöht das Risiko für flüchtende Frauen zusätzlich.

Eine weitere Entwicklung in der Flüchtlingspolitik ist die Erstellung von Listen mit sicheren Herkunftsländern. Auch in diesem Kontext wird häufig „genderblind" gehandelt, die Situation wird anhand der öffentlichen Lage, und nicht der „privaten" frauenspezifischen geprüft.

So gelten in Österreich seit dem 1. Juli 2009 die Staaten des ehemaligen Jugoslawiens, also auch der Kosovo, als sichere Herkunftsländer. Dies ist bedenklich, weil die sehr patriarchale, kosovarische Gesellschaftsstruktur

---

[251] § 76 Abs 2 Z 1 FPG 2005.
[252] Nach UNICEF, Menschenrechtsverletzungen an Frauen und Mädchen - Apartheid der Geschlechter, 2002, 8, sind in Mali 80 % der Frauen genital verstümmelt.

Frauen wenig Schutz vor privater Verfolgung bietet. Durch die schlechte wirtschaftliche Situation ist es zudem für alleinstehende Frauen kaum möglich, eine Existenz aufzubauen.[253] Diese frauenspezifischen Faktoren wurden offenbar nicht hinreichend berücksichtigt. Im Zuge der Verschärfung des Asylrechts in Österreich wurde so auch für Flüchtlingsfrauen eine weitere Hürde geschaffen.

---

[253] ZB UBAS 21.03.2002, 208.291/13-I/01/02; auch der VwGH 27.03.2007, 2005/21/0305 geht davon aus, dass unsicher ist, ob Frauen im Kosovo Schutz finden können, und verlangt weitere Ermittlungen.

Abkürzungsverzeichnis

ai amnesty international
Anm Anmerkung
ASt Antragsteller/in
AsylG 2005   Asylgesetz BGBl 2005/100
AsylG 1997 idF der Novelle 2003:   Stammfassung BGBl 1997/76, Novelle: BGBl 2003/101
BAA Bundesasylamt
BAI Bundesasylamt Außenstelle Innsbruck
BAT Bundesasylamt Außenstelle Traiskirchen
BMI Bundesministerium für Inneres
CEDAW   Convention of the Elimination of all Forms of Discrimination against Women (Konvention zur Beseitigung jeder Form von Diskriminierung der Frauen), BGBl 1982/443
EGMR Europäischer Gerichtshof für Menschenrechte
EKMR Europäische Konvention für Menschenrechte
EMRK Europäische Menschenrechtskonvention, BGBl 1958/210
FGM Female Genital Mutilation (Weibliche Genitalverstümmelung)
FPG Fremdenpolizeigesetz 2005, BGBl 2005/100, 2005/157, 2006/99
GFK Genfer Flüchtlingskonvention, Stammfassung: BGBl 1955/55, Änderung durch das ZP: BGBl 1974/78
iSd im Sinne der
iVm in Verbindung mit
lit litera
mE meines Erachtens
Rspr Rechtsprechung
UBAS Unabhängiger Bundesasylsenat
UN/UNO   United Nations Organisation (Vereinte Nationen)
UN-Pakt I   Internationale Pakt über wirtschaftliche, soziale und kulturelle Rechte (abgeschlossen 19. Dezember 1966)
UN-Pakt II   Internationaler Pakt über bürgerliche und politische Rechte (abgeschlossen 16. Dezember 1966)
UNHCR   UN High Commissioner for Refugees (UN-Flüchtlingshochkommissär)
UNICEF   UN Children's Fund
VfGH Verfassungsgerichtshof

vgl   vergleiche
VwGH   Verwaltungsgerichtshof
Z   Ziffer
ZP   Zusatzprotokoll
ZPMRK   Zusatzprotokoll zur Europäischen Menschenrechtskonvention

Abkürzungen Literatur

ai-Stellungnahme:
Stellungnahme von amnesty international Österreich zum Entwurf eines Bundesgesetzes, mit dem das AsylG 1997 (AsylG-Novelle 2003), das Bundesbetreuungsgesetz, das Bundesgesetz über den unabhängigen Bundesasylsenat und das Meldegesetz geändert werden, das Asylgesetz 2005 und das Fremdenpolizeigesetz 2005 erlassen sowie das Bundesbetreuungsgesetz, das Personenstandsgesetz, das UBAS-Gesetz und das Einführungsgesetz zu den Verwaltungsverfahrensgesetzen 1991 geändert werden, April 2005. (http://www.parlament.gv.at/PG/DE/XXII/ME/ME_00259_32/imfname_039009.pdf)

Ethnologisches Gutachten:
Univ.-Lekt. Dr. Kronsteiner Ruth, Fachliche Stellungnahme zu den Informationsblättern (Erstinformation über das Asylverfahren, Merkblatt über Pflichten und Rechte von Asylwerbern, Orientierungsinformation, Belehrung zu Dublin II, Information zu EURODAC-VO) des Bundesasylamt entsprechend dem Asylgesetz 2003 § 24 Abs 3 und § 26 aus ethnologischer Sicht, 09. Juni 2004 (http://www.sprachenrechte.at/_TCgi_Images/sprachenrechte/20050106190629_stellgn_ethno_kronsteiner_1.pdf)

Psychotherapeutisches Gutachten:
Univ.-Lekt. Dr. Kronsteiner Ruth, Fachliche Stellungnahme zu den zu den Informationsblättern (Erstinformation über das Asylverfahren, Merkblatt über Pflichten und Rechte von Asylwerbern, Orientierungsinformation, Belehrung zu Dublin II, Information zu EURODAC-VO) des Bundesasylamt entsprechend dem Asylgesetz 2003 § 24 Abs 3 und § 26 aus psychotherapeutischer Sicht, 09. Juni 2004 (http://www.sprachenrechte.at/_TCgi_Images/sprachenrechte/20050106204841_stellgn_psych_kronsteiner_1.pdf)

Statusrichtlinie:
Richtlinie 2004/83/EG über Mindestnormen für die Anerkennung und den Status von Drittstaatsangehörigen oder Staatenlosen als Flüchtling oder als Personen, die anderwertig internationalen Schutz benötigen und über den Inhalt des zu gewährenden Schutzes

UNHCR-Kommentar zur Statusrichtlinie:
UNHCR, Kommentar des Hohen Flüchtlingskommissars der Vereinten Nationen (UNHCR) zur Richtlinie 2004/83/EG des Rates vom 29. April 2004 über Mindestnormen für die Anerkennung und den Status von Drittstaatsangehörigen oder Staatenlosen als Flüchtlinge oder als Personen, die anderweitig internationalen Schutz benötigen, und über den Inhalt des zu gewährenden Schutzes, OJ L 304/12, 30. September 2004)

UNHCR - Handbuch:
UNHCR, Handbuch über Verfahren und Kriterien zur Feststellung der Flüchtlingseigenschaft, 1979

Die in dieser Arbeit verwendeten Internetquellen wurden am 22.02.2008 abgerufen, sofern nicht ein anderes Datum angeführt wird.

Literaturverzeichnis

Angenendt Steffen, Gibt es ein europäisches Asyl- und Migrationsproblem?, 2000

Beckmann Marc, Europäische Harmonisierung des Asylrecht, 2001

Benedek Wolfgang/Kisaakye Ester M./Oberleitner Gerd (Hg), The Human Rights of Women: International Instruments and African Experiences, 2002

Claude Richard Pierre/Weston Burns H (Hg), Human Rights in the World Community - Issues and Actions, 2. A 1992

Efionayi-Mäder Denise/Chimienti Milena/Dahinden Janine/Piguet Etienne, Asyldestination Europa - eine Geographie der Asylbewegungen, 2001

Frank Michaela/Anerinhof Peter/Filzwieser Christian, AsylG 2005, 3. A 2006

Gottstein Margit, Die rechtliche und soziale Situation von Flüchtlingsfrauen in der BRD vor dem Hintergrund frauenspezifischer Flucht- und Verfolgungssituationen, 1986

Han Petrus, Frauen und Migration, 2003

Huber Andrea/Öllinger Robert/Steiner-Pauls Manuela, Handbuch Asylrecht, 2004

Jensen Inke, Frauen in Asyl- und Flüchtlingsrecht, 2002

Knapp Anny & Herbert Langthaler (Hg), Menschenjagd - Schengenland in Österreich, 1998

Konrad Helga (Hg), Frauenhandel, 1996

Laubenthal Barbara, Vergewaltigung von Frauen als Asylgrund, 1999

Neuhold Brita/Pirstner Renate/Ulrich Silvia (Hg), Menschenrechte – Frauenrechte: Internationale, europarechtliche und innerstaatliche Dimensionen, 2003

Niesner Elvira/Jones-Pauly Christina, Frauenhandel in Europa, 2001

Öhlinger Theo, Verfassungsrecht, 6. A 2005

Potts Lydia/Prasske Brunhilde, Frauen - Flucht – Asyl, 1993

Putzer Judith/Rohrböck Josef, Asylrecht, 2007

Rath-Kathrein Irmgard/Weber Karl (Hg), Besonderes Verwaltungsrecht, 6. A. 2005

Schumacher Sebastian/Peyrl Johannes, Fremdenrecht, 2. A 2005

Thenen Gabriele von, Geschlechtsspezifische Flucht- und Bleibegründe, 2003

Zepf Bernhard, Asylrecht ohne Asylanten, 1986

Artikel und Essays

Macklin Audrey, Refugee Women and the Imperative of Categories, Human Rights Quarterly, Bd. 17, 1995 (213–227)

Phillips Oliver, A Brief Introduction to the Relationship between Sexuality and Rights, in: Georgia Journal of International and Comparative Law, 2005 (33 Ga. J. Int'l & Comp. L. 451–466)

Simsa Iris, Essay zum Thema „Genitale Verstümmelung an Frauen", 1. April 2004 (http://www.stopfgm.net/dox/Essay%20FGM_Iris%20Simsa.pdf)

Fisher Moira, Gewalt gegen Frauen und die staatliche Verpflichtung zum Menschenrechtsschutz, Juni 2005 (http://www.menschenrechte.org/beitraege/menschenrechte/Gewalt_gegen_Frauen.pdf#search=%22gewalt%20gegen%20frauen%20vienna%20convention%22)

Regine Kramer, geboren 1982 in Innsbruck, Studium der Rechtswissenschaften. Seit 2007 wissenschaftliche Mitarbeiterin am Institut für Europarecht und Völkerrecht an der Universität Innsbruck. Seit 2005 engagiert sie sich als Rechtsberaterin, vor allem für Flüchtlingsfrauen, bei Helping Hands Tirol. Die vorliegende Publikation wurde 2007 mit dem Preis für frauenspezifische Forschung der Universität Innsbruck ausgezeichnet.